Saidu Rilwanu

Privacidade desde a conceção: Sobre a responsabilidade de ponta a ponta

Saidu Rilwanu

Privacidade desde a conceção: Sobre a responsabilidade de ponta a ponta

para serviços de armazenamento em nuvem

ScienciaScripts

Cover image: www.ingimage.com

This book is a translation from the original published under ISBN 978-620-2-30318-7.

Publisher:
Sciencia Scripts
is a trademark of
Dodo Books Indian Ocean Ltd. and OmniScriptum S.R.L publishing group

120 High Road, East Finchley, London, N2 9ED, United Kingdom
Str. Armeneasca 28/1, office 1, Chisinau MD-2012, Republic of Moldova, Europe
Managing Directors: Ieva Konstantinova, Victoria Ursu
info@omniscriptum.com

Printed at: see last page
ISBN: 978-620-8-58396-5

Resumo

O aparecimento da computação em nuvem trouxe uma enorme escalabilidade, enormes capacidades de armazenamento remoto e potencialidades no domínio dos serviços relacionados com as TI e não só. Apesar das mudanças significativas e dos benefícios trazidos pela computação em nuvem, há uma série de desafios que comprometem a adoção ou aceitação generalizada dos serviços de computação em nuvem. Esses desafios incluem a privacidade, a responsabilidade, a segurança e a confiança. Embora tenham sido propostas várias abordagens de investigação para lidar com as questões de segurança, pouco tem sido feito no que diz respeito à privacidade, especialmente no que diz respeito à responsabilidade de extremo a extremo e aos aspectos de controlo dos dados.

Existem muitos serviços de armazenamento em nuvem no mercado, com o mesmo objetivo de fornecer serviços em nuvem aos seus clientes, mas com abordagens diferentes. Por exemplo, Dropbox, Box e Google Drive são exemplos de serviços de armazenamento em nuvem que utilizam um esquema de encriptação do lado do servidor, o que dá ao fornecedor de serviços ou mesmo a um funcionário mal-intencionado a oportunidade de desencriptar e aceder aos dados pessoais dos utilizadores. Por outro lado, Tresorit, Wuala e SpiderOak são exemplos de serviços de armazenamento em nuvem que utilizam a técnica de encriptação do lado do cliente, cujo objetivo é dar aos utilizadores um maior controlo dos seus dados pessoais.

Embora existam tentativas de análise e comparação de serviços de computação em nuvem em linha, estes trabalhos são menos abrangentes e centram-se mais em questões de segurança do que na perspetiva da proteção dos dados pessoais e da responsabilidade. O nosso trabalho visa colmatar esta lacuna e fornecer uma análise exaustiva dos serviços de computação em nuvem no que respeita à proteção dos dados pessoais e à responsabilidade de extremo a extremo, tendo em conta os regulamentos da UE. Em particular, os nossos contributos têm cinco vertentes: em primeiro lugar, apresentamos uma análise pormenorizada dos regulamentos relativos à proteção dos dados pessoais e à responsabilidade em geral. Em segundo lugar, aplicamos a responsabilidade de extremo a extremo aos serviços em nuvem. Em terceiro lugar, propusemos uma linguagem política de alto nível que codifica os requisitos de responsabilidade de extremo a extremo e os regulamentos de proteção de dados da UE numa estrutura compacta. Por último, comparamos dois serviços em nuvem amplamente utilizados com base na linguagem proposta.

Índice

Capítulo 1

1. Introdução

O aparecimento da computação em nuvem trouxe uma enorme escalabilidade, uma enorme capacidade de armazenamento remoto e potencialidades na maioria dos serviços relacionados com as TI e não só. Apesar dos seus benefícios e potencialidades que alteraram a forma como as coisas são tradicionalmente tratadas, a privacidade, a segurança, a confiança e a responsabilidade continuam a ser os principais desafios que afectam a aceitação/adoção global por grandes empresas que lidam principalmente com dados/informações altamente sensíveis e confidenciais, como as instituições financeiras (Hogan et al., 2011, Pearson & Yee, 2012). Isto indica que é necessário abordar estas questões, a fim de abrir caminho para que os utilizadores interessados se juntem à corrida.

No entanto, a questão da segurança está prestes a ser resolvida, uma vez que várias contribuições de investigação (académica, industrial e governamental) de diferentes sectores se centram na resolução dos desafios de segurança dos serviços em nuvem. Os aspectos mais difíceis são a privacidade e a responsabilidade. Isto porque, sempre que os clientes carregam os seus ficheiros no serviço de computação em nuvem, o controlo deixa de estar nas suas mãos na maioria dos fornecedores de serviços de computação em nuvem (Tresorit White Paper, 2014).

Abordar a privacidade é muito crucial, porque é algo que requer o envolvimento de leis, com muitas questões éticas. As leis de privacidade relativas ao local onde e como os dados estão a ser processados, bem como a sua localização original, devem ser tidas em consideração aquando da conceção do sistema. No entanto, muitos dos mecanismos tradicionais utilizados para resolver questões de privacidade, como os modelos de contrato, são inflexíveis ou, de certa forma, estáticos, pelo que é necessária uma nova abordagem que se adapte ao paradigma emergente.

Atualmente, existem muitos serviços de armazenamento em nuvem (storage) para fins comerciais, como o Google Drive, Box, Dropbox, etc. O problema associado a esses serviços de armazenamento em nuvem é que utilizam um esquema de encriptação do lado do servidor, o que torna os dados dos clientes vulneráveis a manipulações, quer por parte dos funcionários quer por parte do fornecedor de serviços, como a desencriptação dos dados dos clientes e a sua entrega/venda a organizações terceiras. Assim, o destino dos clientes continuará a estar em jogo em termos de controlo e responsabilização pelos dados pessoais.

Por outro lado, os serviços de armazenamento em nuvem, como o Wuala, o Tresorit e o SpiderOak, utilizaram o esquema de cifragem do lado do cliente, que dá aos clientes um maior controlo dos seus dados. Com a cifragem do lado do cliente, um cliente pode cifrar os dados antes de os carregar no armazenamento em nuvem. A desencriptação não é possível aos empregados da empresa de computação em nuvem, nem ao fornecedor, sem o consentimento do proprietário dos dados.

Embora um número significativo de soluções prometa e garanta a segurança e a privacidade dos dados dos clientes se forem transferidos para a nuvem, nenhuma delas pode negar o acesso do fornecedor de serviços aos dados dos clientes. Isto acontece em resultado das políticas do esquema de encriptação do lado do servidor. No entanto, a falta de responsabilização de extremo a extremo que dê aos utilizadores um conhecimento exaustivo da forma como os seus dados estão a ser guardados e geridos pelo fornecedor é outro desafio. Por outras palavras, o cliente, no que diz respeito à continuidade da atividade, tem de confiar no fornecedor para ser honesto quanto ao facto de os dados do utilizador não serem divulgados a uma organização terceira sem consentimento. Essa confiança, por defeito, não pode ser sustentada em circunstâncias normais (Khorshed et al., 2012; Clark, 2011; Hubbard & Sutton, 2010; Mutch, 2010).

1.1 Motivação da investigação

A dependência dos serviços de armazenamento de dados em nuvem em várias capacidades está a aumentar rapidamente, como na administração pública em linha, nas telecomunicações e nos meios de comunicação social em todo o mundo. Por exemplo, um formato de media digital qualitativo requer uma enorme quantidade de mecanismos de armazenamento para que os seus serviços funcionem corretamente.

A transferência de dados pessoais para o serviço de armazenamento em nuvem tem as suas próprias vantagens e desvantagens. Para os particulares e as empresas, permite-lhes poupar nos custos e também facilitar as operações internas, uma vez que os investimentos nos seus servidores e a manutenção deixam de ser um problema. O aspeto mais interessante dos serviços de armazenamento na nuvem é a funcionalidade de escalabilidade. No entanto, as actualizações de hardware e software e qualquer outro apoio técnico não são da responsabilidade dos clientes. Apesar das caraterísticas mencionadas, os clientes sentem-se tentados a transferir os seus dados pessoais para a nuvem, especialmente os mais sensíveis.

As questões alarmantes associadas à não adoção do armazenamento em nuvem por muitos clientes não são mais do que desafios de privacidade e segurança, uma vez que o controlo sobre os dados pessoais depois de transferidos para a nuvem deixa de estar nas mãos do proprietário dos dados. As formas de resolver esses desafios podem ser feitas através de um sistema de responsabilização de ponta a ponta do ciclo de vida dos dados pessoais nos serviços de computação em nuvem, e permitindo a verificação da conformidade de qualquer tratamento de dados pessoais pelo proprietário dos dados.

1.2 Trabalhos de investigação relacionados

Abbas & Khan (2014) apresentam uma panorâmica abrangente da preservação da privacidade nos serviços em nuvem . O âmbito do seu estudo centrou-se e limitou-se à preocupação com a privacidade na nuvem de saúde eletrónica. Xiao & Xiao (2013) analisaram as questões de privacidade e segurança na nuvem e sugeriram algumas técnicas de defesa contra as vulnerabilidades existentes. No entanto, a discussão do autor sobre a segurança centrou-se na responsabilidade, na disponibilidade, na confidencialidade da integridade e na preservação da privacidade. A relevância destes estudos; (Abbas & Khan, 2014) e (Xiao & Xiao, 2013) para o nosso trabalho de investigação centra-se na discussão sobre a privacidade relacionada com a privacidade dos dados pessoais.

Berghe & Schunter (2006) introduziram um injetor de privacidade que lhes permite acrescentar a aplicação da privacidade a um sistema existente. O conceito do trabalho de conceção proposto divide-se em duas partes: (a) rastreio dos metadados de privacidade e (b) aplicação da política de privacidade. No seu trabalho, mostraram como o injetor de privacidade era capaz de proteger todo o ciclo de vida dos dados pessoais, desde a recolha, transformação, divulgação e eliminação. Mostram também como o injetor de privacidade preserva, atribui e actualiza automaticamente os metadados de privacidade, bem como a aplicação da política de privacidade em todo o sistema. Este trabalho é semelhante ao nosso em termos de proteção da privacidade dos dados pessoais, mas não abrangeu a totalidade dos requisitos de proteção dos dados pessoais.

Borgmann & Waidner (2012) estudaram e analisaram os mecanismos de segurança de sete tipos diferentes de armazenamento em nuvem (Dropbox, TeamDrive, CloudMe, Ubuntu One, CrashPlan, Wuala e Mozy). O seu trabalho de investigação centrou-se na segurança do transporte, na segurança da partilha de ficheiros, na encriptação, na deduplicação segura e nos registos/logins. Além disso, investigaram e examinaram os vários aspectos do modo como os fornecedores de serviços em nuvem partilham os ficheiros dos clientes. Conseguiram descobrir que, mesmo que seja utilizada a encriptação do lado do cliente, nenhuma quantidade de partilha irá diminuir o estado de segurança da privacidade. Precisamente, os ficheiros partilhados não podem ser lidos pelo fornecedor de serviços em nuvem (CSP). O seu trabalho é coerente com o nosso trabalho de investigação proposto em termos de privacidade e segurança, bem como com a análise de diferentes serviços de armazenamento em nuvem.

1.3 Âmbito e objectivos

As violações da privacidade e o tratamento não responsável de dados pessoais em muitos serviços de armazenamento em nuvem têm sido uma prática comum desde o aparecimento da computação em nuvem. Por exemplo, foram registadas falhas de privacidade e segurança no serviço de armazenamento Dropbox, como a desduplicação do armazenamento de vários utilizadores (Soghoian, 2011) e falhas nos mecanismos de autenticação (Newton, 2011). A Dropbox também anunciou que permite o acesso aos dados pessoais dos utilizadores a pedido de agências governamentais. Este ato dará uma pista tanto a pessoas mal intencionadas como a estranhos para acederem aos dados dos clientes ou mesmo criar uma porta das traseiras que poderá ser explorada em qualquer altura.

O objetivo do nosso trabalho de projeto é conceber um quadro de política de privacidade capaz de respeitar a privacidade dos utilizadores e de controlar os dados pessoais antes e depois do carregamento para a nuvem, bem como de permitir a verificação da conformidade. Para o conseguir, tem de ser imposta/aplicada uma responsabilidade de extremo a extremo a qualquer fase do ciclo de vida do tratamento de dados pessoais abordado nos capítulos seguintes.

No entanto, para dar apoio ao nosso sistema de conceção, este trabalho também identificará os problemas de privacidade mais difíceis em muitos serviços de armazenamento em nuvem, analisando e avaliando assim os seus efeitos sobre os dados pessoais. Além disso, também tem como objetivo identificar os requisitos de privacidade para os dados pessoais, em conformidade com a proteção da privacidade dos dados pessoais da UE/Reino Unido. Por último, comparar o trabalho de política de privacidade proposto com os existentes (Dropbox e Tresorit).

1.4 Foco do nosso trabalho de projeto

Este trabalho de projeto limita-se à proteção da privacidade dos dados pessoais e à sua responsabilização ao longo do ciclo de vida dos dados, como a recolha, o armazenamento, a transmissão/partilha e a eliminação/retenção.

Apesar de a investigação ter como objetivo fornecer uma política de privacidade global para o armazenamento em nuvem, tal não pode ser conseguido através de uma justificação, uma vez que apenas consideramos a lei de proteção da privacidade dos dados pessoais da UE ao longo do trabalho. Isto aconteceu devido a barreiras nas políticas de privacidade, regulamentos e requisitos legislativos, bem como à conformidade de diferentes países em todo o mundo.

1.5 Principais contributos e esboço dos capítulos

A estrutura e os principais contributos deste projeto são apresentados a seguir:

O Capítulo Dois - Contexto e questões de investigação apresenta uma panorâmica da privacidade e dos dados pessoais em relação à computação em nuvem. Além disso, as questões de investigação abrangem as cinco fases do ciclo de vida dos dados pessoais, bem como as questões éticas da computação em nuvem.

O capítulo três - Revisão da literatura - contém uma panorâmica dos serviços de armazenamento em nuvem, o quadro arquitetónico da computação em nuvem, a política da Dropbox e da Tresorit, juntamente com as técnicas de cifragem oferecidas por cada uma delas; as suas vantagens e desvantagens são claramente discutidas. Por último, o conceito e a noção de responsabilidade de extremo a extremo ao longo do ciclo de vida dos dados pessoais no armazenamento em nuvem.

Capítulo Quatro - Metodologia de conceção, este capítulo apresenta uma abordagem sobre a forma como o sistema de conceção pretendido vai ser realizado, incluindo o requisito de privacidade para a conceção alvo e todo o trabalho de política de privacidade proposto.

O capítulo cinco - Análise comparativa e conceção do quadro fornece pormenores sobre o funcionamento da privacidade proposta e a comparação da política de privacidade proposta com as existentes (políticas da Dropbox e do Tresorit). Por fim, será analisado o resultado da comparação.

O sexto capítulo - Discussão, avaliação crítica e contributos - apresenta uma reflexão sobre as questões abordadas no projeto, destacando as questões discutidas com factos e argumentos razoáveis e os contributos dados no projeto.

O sétimo capítulo - Conclusão e trabalho futuro - sugere mudanças possíveis e significativas no futuro, com base nas nossas conclusões e contribuições neste projeto, que são aplicáveis à conceção proposta.

O nosso projeto inclui cinco contribuições principais:

1. Apresentamos uma análise pormenorizada dos regulamentos relativos à proteção dos dados pessoais e à responsabilidade em geral. (No Capítulo 3)
2. Aplicamos a responsabilização de extremo a extremo aos serviços em nuvem. (No Capítulo 4)
3. Propomos uma linguagem política de alto nível que codifica os requisitos de responsabilidade de extremo a extremo e os regulamentos de proteção de dados da UE/Reino Unido numa estrutura compacta. (No Capítulo 4)
4. Comparamos dois serviços de nuvem amplamente utilizados com base na linguagem proposta. (No Capítulo 5)
5. Identificámos as questões éticas dos serviços em nuvem (no capítulo 2).

Capítulo 2

2. Contexto e questões de investigação

No domínio da computação em nuvem, a privacidade e a segurança são as principais questões complexas e difíceis que têm de ser abordadas. Ambas são muito úteis e nunca podem ser separadas num sistema bem concebido, a fim de manter a confidencialidade, a integridade e a disponibilidade. No entanto, a privacidade e a segurança são duas coisas diferentes e a distinção entre elas será discutida e analisada nas subsecções seguintes.

2.1 Privacidade

Em termos gerais, "a privacidade é um direito humano fundamental, manifestado na Declaração Universal dos Direitos do Homem das Nações Unidas (DUDH) desde a década de 1940 e, mais tarde, na Convenção Europeia dos Direitos do Homem, tal como na Lei dos Direitos do Homem do Reino Unido de 1998 e similares. Nessa noção, o objetivo da privacidade é a proteção contra a manipulação de informações pessoais, a vigilância governamental e a divulgação intencional de informações privadas/sensíveis armazenadas nas bases de dados" (Pearson & Yee, 2012).

A privacidade pode ser vista de diferentes formas, incluindo o direito de ficar sozinho (Brandeis & Dossick, 1890), o controlo das informações pessoais (Westin, 1967), os direitos e obrigações individuais e organizacionais no que respeita à recolha, utilização, divulgação e retenção de informações pessoalmente identificáveis (PII) (AICPA & CICA, 2009). Por último, centrar-se nos potenciais danos que podem surgir como resultado da violação das políticas de privacidade (B¼langer & Crossler, 2011; Solove, 2006).

No entanto, na outra perspetiva, a privacidade defende a proteção adequada e a utilização correta das informações pessoais dos clientes, bem como a satisfação das expectativas dos clientes relativamente à utilização. Do ponto de vista organizacional, a privacidade emprega a aplicação de políticas, leis e normas para a gestão de dados pessoais (Pearson & Yee, 2012).

2.2 Proteção dos dados pessoais

A proteção de dados significa simplesmente uma gestão adequada das informações pessoais e, por vezes, é utilizada na União Europeia em relação a leis e regulamentos relacionados com a privacidade, mas, no caso dos EUA, o termo utilizado aborda diretamente o aspeto da segurança (Pearson & Yee, 2012).

Conceptualmente, a informação pessoal visa descrever factos, opiniões e comunicações relacionados com uma pessoa em particular, que são suficientemente razoáveis para serem considerados sensíveis ou confidenciais pela pessoa, que pode precisar de limitar a sua partilha, recolha ou utilização.

Na Europa e na Ásia, os termos "dados pessoais e informações pessoais" são utilizados em perspectivas comuns, ao passo que "informações de identificação pessoal (IPI)" é utilizado nos EUA, mas referem-se à mesma coisa ou a coisas muito semelhantes. Em termos gerais, podem ser definidas como qualquer informação que possa ser utilizada para localizar uma determinada pessoa, como a morada, o número de telefone, o nome, o número de identificação nacional, o endereço de correio eletrónico, a data de nascimento, o número do cartão de crédito, a palavra-passe e outros dados semelhantes.

De acordo com a UE, a informação pessoal é "qualquer informação relativa a uma pessoa singular identificada ou identificável (titular dos dados); e é considerada identificável a pessoa que possa ser identificada direta ou indiretamente, nomeadamente por referência a um número de identificação ou a um ou mais elementos específicos da sua identidade física, psíquica, mental, económica, cultural ou social" (DATA-Comissão Europeia, 1995, p. 8).

Existe alguma distinção relativamente à sensibilidade dos dados pessoais do utilizador, embora a definição seja diferente consoante a jurisdição e a regulamentação. Por exemplo, no continente europeu, a informação pessoal sensível (SPI) é conhecida como "Categoria Especial de Dados", que se considera estar relacionada com a saúde, a orientação sexual, a religião/raça, a opinião política, etc., enquanto a segurança social, a informação financeira, o número da carta de condução e o registo de saúde (médico) são habitualmente considerados como SPI nos EUA (Pearson & Yee, 2012). Isto mostra que apenas as informações de saúde são consideradas sensíveis entre todas as leis de proteção de dados que descrevem a classificação da sensibilidade dos dados/informações.

Outras informações consideráveis que parecem ser sensíveis são as informações biométricas, as imagens/vídeos de câmaras de vigilância e o desempenho profissional no local de trabalho. Em termos gerais, qualquer informação sensível exige privacidade adicional e segurança adequada. A principal terminologia de privacidade da informação pessoal inclui a noção de controlador de dados, processador de dados e sujeitos de dados.

Responsável pelo tratamento de dados: um responsável pelo tratamento de dados no contexto da privacidade refere-se a uma entidade (que pode ser uma autoridade, uma agência, uma pessoa colectiva ou uma pessoa singular) que, de forma única, cooperativa ou mesmo comum, dita claramente a finalidade/os motivos pelos quais qualquer elemento de informação pessoal deve ser executado.

Processador de dados: refere-se a uma entidade (que pode ser uma autoridade, uma agência, um indivíduo legal ou comum) que pode processar informações após receber diretivas do controlador de dados.

Titular dos dados: refere-se a uma pessoa identificável com a qual uma determinada informação pessoal está relacionada, que pode ser identificada direta ou indiretamente, como, por exemplo, um número de identificação único ou qualquer outro fator específico da identidade social, física, psicológica, mental ou económica.

De acordo com o Fair Information Practices iniciado pelos EUA no início dos anos 70 (Privacy Protection Study Commission, 1997), que foi subsequentemente adotado e mantido como princípio pela Organização para a Cooperação e Desenvolvimento Económico (OCDE) e pelo Conselho Europeu (OCDE, 1980), que estabeleceu os fundamentos para a maioria das leis de proteção de dados e privacidade a nível universal. Os princípios adoptados e declarados incluem:

(a) **Limitação da recolha de dados**: os dados pessoais devem ser recolhidos legalmente pela autoridade de uma determinada pessoa em causa, de forma adequada, e devem restringir-se apenas aos dados necessários.

(b) **Qualidade dos dados:** Os dados recolhidos devem ser pertinentes e conservados com exatidão.

(c) **Especificação do objetivo:** Todos os objectivos e finalidades devem ser claramente indicados aquando da recolha de dados.

(d) **Limitação da utilização:** Os dados pessoais só devem ser utilizados pelo proprietário e qualquer outro tratamento desses dados deve ser efectuado com o consentimento do proprietário dos dados, com exceção dos serviços responsáveis pela aplicação da lei em caso de violação da segurança.

(e) **Segurança:** os dados pessoais devem ser devidamente protegidos por um mecanismo de segurança sólido.

(f) **Abertura:** o responsável pelo tratamento dos dados deve ser transparente para o titular dos dados no que respeita ao modo como os seus dados estão a ser tratados.

(g) **Participação individual:** As pessoas devem poder verificar periodicamente ou solicitar informações pormenorizadas sobre a forma como os seus dados estão a ser guardados pelo responsável pelo tratamento de dados e contestar qualquer ato ou procedimento que viole as leis e regulamentos em vigor.

(h) **Responsabilidade:** o responsável pelo tratamento de dados deve ser muito responsável e justificável pelo cumprimento de todos os princípios estabelecidos nos acordos.

Esta abordagem pode facilitar a partilha de informações pessoais entre todas as jurisdições participantes sem qualquer exigência contratual individual. No entanto, a aplicação da proteção das informações pessoais é apoiada pela legislação como um direito humano fundamental.

Em suma, a privacidade na Europa é considerada um direito humano, ao passo que nos EUA é tradicionalmente considerada mais como uma forma de evitar danos ao ser humano. A privacidade é algo muito complexo e, ao mesmo tempo, um aspeto muito importante, especialmente num ambiente de nuvem. Atualmente, a recolha e o tratamento de dados pessoais em muitos países estão em vias de regularização. Por conseguinte, é importante que os cenários empresariais de computação em nuvem tenham este aspeto em consideração ao colocar ou melhorar a norma de privacidade das informações/dados pessoais recolhidos.

2.3 Distinção entre privacidade e segurança

A distinção entre privacidade e segurança reside no facto de a privacidade estar relacionada com os mecanismos de gestão das informações pessoais e com os direitos humanos individuais, bem como com outros aspectos da vida, como a responsabilidade, a acessibilidade, a escolha, a notificação, a segurança e a equidade de utilização (Pearson & Yee, 2012). A maior parte das leis sobre a privacidade opunha-se à transferência de informações pessoais. Por outro lado, o mecanismo de segurança centrou-se apenas no fornecimento de mecanismos de proteção que incluem o controlo do acesso, a confidencialidade, a integridade, o armazenamento, a autenticação, a cópia de segurança, a disponibilidade, a recuperação e a resposta a incidentes.

Em suma, a privacidade trata exclusivamente de informações pessoais, enquanto a segurança trata de todas as informações. Por conseguinte, se a privacidade dos dados/informações for total, a segurança pode ser considerada como um subconjunto e um complemento da privacidade. Como tal, a privacidade é muito melhor do que a segurança, não só num ambiente de computação em nuvem, mas em todos os domínios relacionados com as TI. Isto porque, se a privacidade for total, um adversário nem sequer veria os dados ou as informações, independentemente de lançar um ataque. Por conseguinte, a privacidade pode ser vista como uma fonte primária de proteção, enquanto a segurança é uma fonte secundária de proteção. No entanto, a privacidade nunca será suficiente sem a cobertura da segurança (Pandey & Pathak, 2013).

De acordo com "Tim matter", citado em (Pandey & Pathak, 2013), "pode ter-se segurança e não privacidade, mas não se pode ter privacidade sem segurança". A ideia é que a privacidade dos dados é um subconjunto da segurança dos dados ou da informação no contexto de todos os serviços relacionados com as TI. São duas entidades não separadas, mas a preocupação com a privacidade é muito maior do que a preocupação com a segurança.

2.4 Questões de investigação e preocupações com a privacidade do serviço de armazenamento na nuvem

De acordo com a análise de Mather et al. (2009), muitas das preocupações levantadas pelos defensores da privacidade relativamente à computação em nuvem são atribuídas a violações da privacidade e da segurança. A fim de proporcionar uma compreensão rápida e uma visão clara das preocupações com a privacidade em relação aos serviços de armazenamento em nuvem, colocámos as preocupações com a privacidade sob a forma de perguntas, como se vê a seguir:

2.4.1 Acesso

A pessoa em causa tem o direito de saber quais as informações pessoais que estão a ser guardadas, de modo a que o utilizador possa, a qualquer momento, solicitar o fim do tratamento desses dados.

A questão principal é a capacidade da organização para fornecer aos utilizadores um acesso seguro aos dados pessoais, cumprindo assim as exigências declaradas. Numa situação em que o titular dos dados exerce esse direito e solicita à organização que apague todos os dados pessoais. Qual é a certeza de que os dados do utilizador são completamente apagados na nuvem?

2.4.2 Conformidade

A conformidade é um dos aspectos mais críticos da nuvem, porque levanta questões muito sensíveis que têm de ser abordadas para manter a responsabilidade do sistema. Essas questões incluem:

- Quais são os requisitos de conformidade (privacidade) dos serviços em nuvem?
- Quais são os regulamentos, leis e normas relevantes, bem como um compromisso contratual que rege essas informações, e quem assume as responsabilidades de manutenção da conformidade?
- O cruzamento de várias jurisdições é uma prática comum na maioria dos fornecedores de

serviços de computação em nuvem, por exemplo, os dados dos utilizadores podem ser atribuídos ou armazenados em diferentes países. Como e que jurisdição relevante controla os dados do utilizador no ambiente de computação em nuvem deve ser determinada?

2.4.3 Armazenamento

- Onde e como são armazenados os dados do utilizador na nuvem?
- Os dados são transferidos para um centro de dados diferente em países diferentes?
- Os dados transferidos são misturados com outros dados ou informações de uma organização diferente que utiliza DPC semelhantes?

Em alguns países, a política de privacidade impõe limitações à transferência de determinadas informações pessoais para outros países. Sempre que os dados de um utilizador são armazenados na nuvem, essa transferência ocorre normalmente sem o consentimento das organizações ou dos utilizadores, o que pode causar uma potencial violação da legislação local no sistema.

2.4.4 Retenção

- Após o termo do contrato ou do acordo, durante quanto tempo as informações pessoais do utilizador podem ser conservadas na nuvem?
- Os dados dos utilizadores são regidos por qual das políticas de retenção?
- Quem é responsável pela aplicação da política de retenção na nuvem?
- Em caso de excepções à aplicação da política, por exemplo, a detenção de litígios, como está a ser gerida?

2.4.5 Destruição

- Após o período de retenção, como é que as informações que identificam pessoalmente o utilizador são destruídas pelo fornecedor?
- Como pode uma organização certificar-se de que o fornecedor apaga totalmente as suas informações pessoais no momento oportuno?
- Em que medida é que a organização pode saber se existem cópias duplicadas de dados pessoais conservados?
- A maior parte do armazenamento na nuvem duplica os dados dos utilizadores para vários dispositivos de armazenamento com o objetivo de aumentar a sua disponibilidade, mas, por vezes, essas duplicações tornam-se um problema quando uma organização decide destruir

esses dados.

- Qual é a certeza de que o PSC destruiu completamente os dados ou os tornou indisponíveis para todos os utilizadores?

2.4.6 Controlo e auditoria

Em que medida é que o proprietário dos dados pode monitorizar o seu CSP e garantir às partes interessadas aplicáveis que as políticas de privacidade são plenamente cumpridas na gestão das informações pessoais na nuvem?

2.5.7 Violação da privacidade

- Como é que um cliente pode saber que a violação da privacidade foi desencadeada?
- Como é que um cliente pode saber que o CPS o contactou quando o incidente ocorreu?
- Numa situação em que os contratos incluem a responsabilidade por violações da privacidade que ocorram em resultado de negligência do PSC, como é que esse contrato tem sido aplicado e como é que se determina de quem é a culpa?

Tendo em conta as preocupações de privacidade dos serviços de armazenamento em nuvem acima referidas, podemos ver que quase todas as preocupações são diretamente proporcionais ao serviço de armazenamento em nuvem que emprega principalmente a utilização de técnicas/esquemas de cifragem do lado do servidor. Isto porque são as técnicas de cifragem que potencialmente dão ao PSC o poder de controlar os dados pessoais do utilizador.

2.6 Gestão do controlo de acesso

Em termos gerais, a gestão do controlo de acesso é uma função comum que abrange os requisitos de acesso a sistemas, redes e recursos de aplicações, quer pelo utilizador quer pelo administrador (utilizador com privilégios). Uma boa gestão do controlo de acesso, segundo Mather et al. (2009), tem de abordar as seguintes questões

- Que utilizador pode ter acesso a e ou a que recurso na organização? (Atribuição de direitos ao utilizador).
- Por que razão um determinado utilizador tem acesso a um determinado recurso? (Atribuição de direitos ao utilizador com base na descrição ou nas responsabilidades).
- De que forma pode um utilizador aceder ao recurso (que técnica de autenticação e robustez é necessária para que o sistema conceda acesso ao recurso)?

- Quem deve ter acesso e a que recurso? (Controlo/auditoria e relatório para efeitos de verificação da atribuição de direitos).

Estas classes de domínio de controlo de acesso devem ser tidas em consideração pela política e normas de controlo de acesso da organização para a tornar muito segura.

2.7 Análise do contexto da investigação e questões levantadas

Na computação em nuvem, a privacidade e a segurança continuam a ser os desafios persistentes e constantes que afectam os dados e informações pessoais armazenados na nuvem. Embora sejam propostas várias medidas de privacidade e segurança (a nível académico, industrial e governamental) para atenuar estes desafios.

Este trabalho de investigação centrar-se-á nas questões de privacidade dos serviços de armazenamento na nuvem, especificamente nos serviços de armazenamento Tresorit e Dropbox, ou seja, o armazenamento que utiliza a encriptação do lado do cliente (Tresorit) e a encriptação do lado do servidor (Dropbox). E para verificar qual o serviço de armazenamento que mais respeita a privacidade dos dados. Embora existam vários serviços de armazenamento baseados na nuvem que oferecem serviços semelhantes aos serviços de armazenamento selecionados (Tresorit e Dropbox), decidimos considerar estes dois por estarem entre os serviços de armazenamento mais populares.

As questões de privacidade e segurança acima referidas só podem ser resolvidas através de uma "responsabilização de extremo a extremo" robusta que permita aos utilizadores ter conhecimento de qualquer ação realizada contra os seus dados. Neste contexto, a noção de responsabilidade de extremo a extremo consiste em permitir que o proprietário dos dados saiba como estes estão a ser tratados, armazenados e processados no ambiente de computação em nuvem. As questões levantadas nesta secção serão abordadas nos capítulos seguintes.

2.8 Questões éticas da computação em nuvem

As questões éticas na computação em nuvem surgem normalmente em três aspectos de desenvolvimento, como a seguir se indica:

a. Ceder o controlo dos dados pessoais a uma organização terceira em resultado da externalização ou deslocalização das instalações e infra-estruturas informáticas para a nuvem.
b. Armazenamento múltiplo de dados de utilizadores em todo o mundo, que podem ser controlados por diferentes organizações .

c. Ligação múltipla de serviços no ambiente de computação em nuvem.

Estas três questões referidas desencadearão uma série de questões éticas associadas à computação em nuvem, como se verá mais adiante:

2.8.1 Controlo

A computação em nuvem utiliza actividades de offshoring/outsourcing para organizações terceiras. A forma habitual e tradicional de armazenar dados está a tornar-se uma coisa do passado com o aparecimento de serviços de armazenamento em nuvem que dão ao fornecedor a oportunidade de controlar os dados dos utilizadores em seu nome. Assim, o utilizador não tem controlo direto sobre os seus próprios dados pessoais.

Por conseguinte, a falta de controlo sobre os dados pessoais é uma questão problemática quando algo de mau (por engano ou deliberadamente) acontece, porque é muito difícil descobrir a causa, uma vez que o utilizador pode não ter quaisquer provas sólidas para provar o que aconteceu exatamente. E dificilmente as entidades podem responsabilizar-se mutuamente pelos danos em caso de desacordo (Haeberlen, 2010). No entanto, numa estrutura em rede, é difícil atribuir quaisquer consequências de uma ação, especialmente más, a uma entidade específica (Timmermans et al., 2010).

2.8.2 Responsabilidade

Os dados pessoais armazenados na nuvem requerem uma gestão adequada por parte do subcontratante dos dados, uma vez que a responsabilidade visa assegurar a capacidade dos utilizadores para verificar se as regras acordadas são mantidas (Haeberlen, 2010). O elemento-chave da responsabilidade no contexto da nuvem é a forma como os dados estão a ser tratados pelos fornecedores, bem como a atribuição de responsabilidades entre as partes envolvidas (Pearson & Charlesworth, 2009).

2.8.3 Auto-determinação

A entrega do controlo ao fornecedor desencadeia um certo problema, como o direito individual e o controlo sobre a utilização, a recolha e a divulgação de informações pessoais (Cavoukian, 2008). No entanto, devido ao grande volume de partilha e armazenamento de dados a nível global por várias organizações, o que se reflecte como um desafio à autodeterminação. Isto irá despoletar não só a questão da privacidade, mas também a confiança e a segurança. Por conseguinte, é importante que as organizações que oferecem a gestão de serviços em nuvem respeitem os interesses dos utilizadores.

2.8.4 Problema do envolvimento de muitas mãos

A responsabilidade de gestão é geralmente partilhada entre os utilizadores e os fornecedores, nenhum deles pode resolver um problema de muitas mãos (Haeberlen, 2010). Geralmente, numa situação em que muitas pessoas estão envolvidas numa ação que causou um resultado indesejável, por exemplo, uma perda ou um dano, em que cada membro tem a oportunidade de evitar, mas ignorou, ninguém deve ser responsabilizado (Pieters & Cleeff, 2009). Por conseguinte, devido à natureza complexa da nuvem, dificilmente se consegue determinar a entidade responsável pela ocorrência de uma incidência indesejável.

2.8.5 Deslocação da função

Outra questão problemática associada aos dados na nuvem é a existência do chamado "desvio de função" - em que o objetivo primário da recolha de dados pode ser utilizado de outra forma, por exemplo, a base de dados que contém os dados biométricos de uma residência, propositadamente concebida para autenticação num determinado país, pode também ser utilizada para investigar crimes (Pieters & Cleeff, 2009). A utilização de funções creeps num ambiente de computação em nuvem pode provocar um grave perigo e violação da privacidade do utilizador.

2.8.6 Propriedade

A deslocalização de dados levanta por vezes questões preocupantes, como quem possui os dados da nuvem enviados pelo utilizador e o que um fornecedor de serviços faz com eles e por que razão (Grimes et al., 2009). Um defensor do desenvolvimento de software livre (Richard Stallman) classificou os serviços de computação em nuvem como uma "armadilha" que retira a liberdade e o controlo do utilizador e, mais tarde, o afasta da sua dependência real (Grimes et al., 2009), por razões desnecessárias.

2.8.7 Privacidade

As questões de privacidade são consideradas o aspeto mais difícil da computação em nuvem. Sempre que surge uma questão ética relacionada com as informações pessoais do utilizador, esta é normalmente expressa em termos de política de privacidade (Stahl et al., 2010). No entanto, existe um consenso global sobre a importância da privacidade. O principal conceito de privacidade consiste em limitar o acesso aos dados armazenados na nuvem. Apesar do facto de não haver argumentos para a justificação moral do direito à privacidade, ainda não está resolvido (Stahl et al., 2010). No caso da computação em nuvem, os utilizadores não têm outra opção senão confiar aos seus fornecedores que os seus dados pessoais não serão comprometidos, uma vez que o controlo não está nas suas mãos.

2.8.8 A privacidade numa determinada fronteira pode ser culturalmente afetada

As diferenças culturais têm um impacto significativo na privacidade dos dados transfronteiriços. Os dados dos utilizadores podem ser armazenados em diferentes locais em todo o mundo com diferentes jurisdições/jurisdições em matéria de privacidade. De acordo com Capuro (2005), a privacidade pode ser afetada por diferenças e influências culturais, que podem pôr em risco ou levar à divulgação desnecessária de informações pessoais de um utilizador.

Por conseguinte, a conceção estrutural da computação em nuvem desencadeia normalmente muitas questões éticas, incluindo as que não são mencionadas neste trabalho. A mais evidente é a privacidade, que levanta muitas questões quando o utilizador transfere o controlo dos seus dados pessoais para o fornecedor de serviços de computação em nuvem

2.8.9 Abordagem das questões éticas da computação em nuvem

Num esforço para abordar as questões éticas associadas à computação em nuvem, Pieters & Cleeff (2009) propuseram uma abordagem denominada "Princípio da precaução". O objetivo da abordagem proposta é evitar danos causados por consequências não reveladas sem interromper o progresso e a inovação como um todo. Define ainda que é necessário evitar tomar medidas incertas sobre os danos previsíveis ou irremediáveis. No entanto, a responsabilidade da prova que garantirá a inocuidade da ação deve caber a uma entidade específica que fez a sugestão.

Capítulo 3

3. Revisão da literatura

3.1 Visão geral dos serviços de armazenamento em nuvem

Existem vários serviços de armazenamento em nuvem que oferecem um esquema de encriptação do lado do cliente (Hacker 10, 2013), assim como a encriptação do lado do servidor. Os que praticam a encriptação do lado do cliente incluem o Wuala, o Tresorit e o Spider Oak, etc., enquanto o lado do servidor inclui o Dropbox, o Box e o Google Drive, entre outros.

Com o Wuala, o AES-256 é utilizado para encriptação antes do carregamento para a nuvem. Os ficheiros a encriptar incluem não só o conteúdo dos ficheiros, mas também os metadados. Para a assinatura e troca de chaves no caso de uma partilha de ficheiros/pasta, pode ser utilizado o RSA-2048, enquanto para a integridade dos dados pode ser utilizado o SHA-256. Para o armazenamento Spider Oak, a cifragem dos dados pode ser feita no dispositivo do utilizador com AES-256 em modo CFB e também em HMAC- SHA-256. A compatibilidade e a aplicabilidade do software estão limitadas ao Windows, ao Linux e aos telemóveis inteligentes (Hacker 10, 2013). No entanto, com o Tresorit, os ficheiros na nuvem são encriptados do lado do cliente utilizando AES-256, enquanto a autenticação da transação pode ser feita com assinatura RSA-2048. Os canais protegidos por TLS podem ser utilizados para carregar ficheiros encriptados. O ICE e o ITGDH são utilizados para convites e acordo de chaves (Lam et al., 2012). Em suma, os três serviços de armazenamento acima mencionados afirmam não ter qualquer conhecimento sobre os dados do utilizador. (Wilson & Ateniese, 2014).

No esquema de encriptação do lado do servidor, como o Dropbox, que utiliza SSL/TLS para a transferência de ficheiros para a nuvem. Os ficheiros de dados são armazenados em blocos de ficheiros discretos que são fragmentados e posteriormente encriptados com a tecnologia AES de cerca de 256 bits. Também fornece aos utilizadores um sistema de autenticação em duas etapas. Para o serviço de armazenamento Box, os dados dos clientes serão encriptados uma vez armazenados no armazenamento de dados. A Box utiliza protocolos SSL (Secure Socket Layer) para encriptar os dados do utilizador durante a transmissão. O Google Drive também oferece uma solução de segurança semelhante à do armazenamento Box, mas com a melhoria da técnica de verificação em duas etapas.

Serviços (de armazenamento) em nuvem: O armazenamento em nuvem oferece serviços aos clientes para gestão remota, manutenção e cópia de segurança dos dados/informações pessoais do cliente. O serviço pode ser acedido através de um ambiente de rede, normalmente a Internet. Os fornecedores de serviços disponibilizam estes serviços aos clientes depois de os dados terem sido carregados e armazenados na nuvem. No entanto, os utilizadores devem ter em atenção que a cópia de segurança dos dados localmente é muito importante, porque a recuperação de dados do armazenamento em nuvem é muito lenta quando comparada com a cópia de segurança local.

3.2 Vantagens e desvantagens dos serviços de armazenamento na nuvem Vantagens

(a) Flexibilidade: a computação em nuvem dá ao utilizador a possibilidade de escolher as configurações de recursos de armazenamento que mais lhe convêm

(b) Redução dos custos: a computação em nuvem afasta-se da era da compra de grandes servidores para armazenamento de dados e cópias de segurança, podendo as organizações apenas contratar e pagar os serviços quando lhes for conveniente.

(c) Centralização do armazenamento: permite uma boa relação custo-eficácia no que diz respeito ao pessoal formado e aos utilitários utilizados. Além disso, facilita o controlo e a aplicação de técnicas de proteção de dados

(d) Redução do tempo de implantação: graças à disponibilização de meios computacionais potentes, o acesso, o armazenamento e a implantação podem ser efectuados a custos relativamente baixos

(e) Escalabilidade: apoia os utilizadores através da disponibilização de recursos computacionais para satisfazer as suas necessidades.

Desvantagens

(a) Desempenho limitado: o desempenho adequado é uma das questões mais difíceis no que diz respeito à transação intensiva de dados. Além disso, a latência e o atraso são caracterizados pela nuvem, especialmente para os utilizadores que estão longe do seu SP (Furth & Escalante, 2010).

(b) Segurança e privacidade: este é o problema mais comum que impede a aceitação generalizada dos serviços em nuvem, uma vez que alguns PSC mal-intencionados podem desencriptar os dados dos utilizadores e utilizá-los para proveito próprio.

(c) Controlo: falta de controlo sobre os dados pessoais, uma vez que o cliente não tem conhecimento da forma como os seus dados estão a ser tratados pelo PSC.

(d) Custos da largura de banda: dependem da utilização ou das aplicações em nuvem, embora o custo das instalações de hardware e software já não seja um problema na computação em nuvem.

(e) Fiabilidade: os serviços de computação em nuvem não são fiáveis a todo o momento, tendo-se registado muitas interrupções de serviço

relatado em muitas ocasiões (Furth & Escalante, 2010).

3.3 Estrutura arquitetónica para a computação em nuvem

A computação em nuvem introduz e integra alterações técnicas na forma e no modo como os recursos informáticos são utilizados pelos utilizadores. O conceito de computação em nuvem, de acordo com a definição do National Institute of Standards and Technology (NIST) (Mell & Grance, 2009), inclui as caraterísticas essenciais, os modelos de serviço e os modelos de implantação, tal como se refere a seguir:

3.3.1 Caraterísticas essenciais da computação em nuvem

Autosserviço a pedido; um cliente pode solicitar unilateralmente recursos/serviços informáticos aos fornecedores, como o armazenamento, sem interação humana com o fornecedor do serviço.

Acesso alargado à rede; a acessibilidade à rede pelos clientes pode ser facilitada através de um mecanismo normalizado controlado, suportado por uma plataforma heterogénea (por exemplo, computadores portáteis, telemóveis, estações de trabalho, tablets, etc.).

Elasticidade rápida; o recurso da nuvem é dimensionado de forma elástica e rápida com base na procura do cliente. Isto dará ao cliente uma visão do recurso disponível elegível para que ele possa solicitar/comprar quando necessário.

Agrupamento de recursos; os recursos de computação em nuvem podem ser partilhados por vários clientes que estão agrupados numa plataforma multilocatário. O cliente pode ter conhecimento da localização do recurso de serviço (por exemplo, país ou região), mas pode não ter conhecimento da localização exacta do recurso de computação (por exemplo, servidores de armazenamento), apesar dos mecanismos de mapeamento entre os recursos físicos e virtuais fornecidos.

Serviço medido; o escalonamento dos recursos para cima e para baixo é normalmente efectuado de forma dinâmica e a utilização dos recursos é monitorizada, controlada e posteriormente comunicada ao cliente e ao fornecedor. A monitorização e o controlo da utilização ajudam a otimizar a utilização automatizada dos recursos.

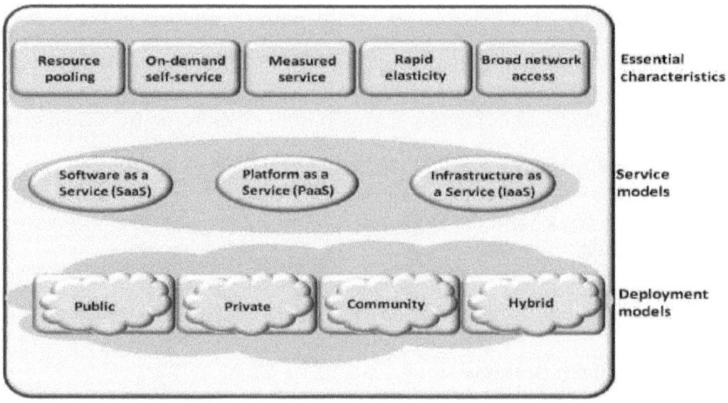

Figura 3-1. Definição de computação em nuvem da arquitetura do NIST

3.3.2 Modelos de serviços em nuvem

Os três modelos de serviço para a computação em nuvem são:

A infraestrutura como serviço *(IaaS)* permite que os utilizadores utilizem a infraestrutura de hardware fornecida pelo fornecedor de serviços, como o armazenamento, o processador, a rede e outros recursos informáticos relevantes que são virtualmente fornecidos e acedidos através da Internet. Este tipo de serviço é oferecido pelo Amazon Elastic Cloud EC2.

A plataforma como serviço *(PaaS)* fornece aos utilizadores uma plataforma para a implantação e execução de serviços utilizando uma interface específica. Também permite a colaboração dos utilizadores, aumentando assim a produtividade. Mas não permite o controlo da infraestrutura fornecida, sendo as aplicações transferidas para a nuvem apenas pelo utilizador. O App Engine da Google é um exemplo comum de SaaS.

O software como serviço *(SaaS)* permite que os utilizadores utilizem as aplicações do fornecedor de serviços que são executadas numa infraestrutura de nuvem através de ligações à Internet. Com o SaaS, os utilizadores não têm de instalar qualquer software/aplicação, uma vez que o fornecedor é responsável. Por exemplo, o serviço Gmail da Google.

3.3.3 Modelos de implementação na nuvem

Os quatro tipos de modelos de implantação são:

Nuvem pública: a infraestrutura de nuvem é acessível ao público em geral sem qualquer restrição, mas a infraestrutura física pertence e é gerida pelo fornecedor de serviços de nuvem.

Nuvem privada; a infraestrutura de nuvem pode ou não ser propriedade de uma organização, mas é gerida por ela, e é utilizada única e especificamente para uma determinada organização.

Nuvem híbrida; é a combinação de duas ou mais nuvens (comunitárias, privadas ou públicas), mas com estatuto diferente de uma entidade única e partilhando tecnologia/serviços padronizados.

Nuvem comunitária; é partilhada entre diferentes organizações/indivíduos que têm interesses comuns, tais como políticas, considerações de conformidade, requisitos/práticas de segurança, etc., e pode ser gerida por um membro da organização envolvida ou por uma organização terceira.

3.4 Serviço de armazenamento na nuvem Dropbox

A Dropbox é uma das ferramentas populares de armazenamento em nuvem que facilita a partilha e o acesso a vários ficheiros/pastas armazenados em todo o mundo através da Internet. No entanto, utiliza a encriptação do lado do servidor (ou seja, ligação encriptada), o que permite ao fornecedor e até a pessoas mal-intencionadas (empregado) ter acesso aos dados pessoais dos utilizadores se as políticas de limitação de acesso não forem totalmente implementadas ou cumpridas pelas partes envolvidas.

3.4.1 Como é que as informações do utilizador são recolhidas e utilizadas pelo Dropbox?

Com o Dropbox, são recolhidas informações do cliente, como o nome, o número de telefone, o endereço físico, o correio eletrónico e as informações de pagamento. No entanto, alguns serviços Dropbox permitem que os clientes acedam às suas contas e informações através de diferentes fornecedores.

Terceiros: O Dropbox recorre a terceiros, a quem as informações dos utilizadores são partilhadas pelo Dropbox com o objetivo de proporcionar maior segurança e promoção de serviços. Estes terceiros podem aceder às informações dos clientes em nome do Dropbox, em conformidade com a política de privacidade que rege os serviços na nuvem.

O Dropbox utiliza SSL/TLS para transferir ficheiros para a nuvem, para além de criar um túnel seguro que está devidamente protegido por técnicas de encriptação AES de 128 bits ou superior. Os ficheiros de dados são armazenados em blocos de ficheiros discretos que são fragmentados e posteriormente encriptados utilizando AES-256 bits.

O Dropbox está em conformidade com a estrutura e os princípios do "Safe Harbor UE-EUA e Suíça-EUA" (Safe Harbor, 2015). Mudança de propriedade: Os dados dos utilizadores podem ser transferidos ou partilhados com qualquer organização como parte de um negócio numa situação em que o Dropbox decida fundir-se, reorganizar-se ou vender qualquer um dos seus activos a outra parte, mas o utilizador será notificado sobre tais acções antes de serem tomadas.

3.5 Serviço de armazenamento em nuvem Tresorit

O Tresorit é um dos serviços de armazenamento em nuvem que utiliza um esquema de encriptação do lado do cliente. Com o software Tresorit, o cliente tem a garantia de soluções criptográficas de ponta a ponta para os seus clientes quando partilha ficheiros. A encriptação é efectuada localmente (pelo cliente) antes de carregar os dados para a nuvem. Isto significa que apenas o utilizador pretendido poderá desencriptar os dados, nem mesmo o administrador, o fornecedor de armazenamento e a Tresorit podem aceder/ler o conteúdo dos ficheiros do cliente (TRESORIT White Paper, 2014).

A desencriptação não autorizada de dados é impossível, como afirma o serviço Tresorit, porque um ser humano leva uma vida inteira sem decifrar um único "Tresor" (TRESORIT White Paper, 2014). Os ficheiros carregados na nuvem são encriptados no lado do utilizador utilizando AES-256, assinatura RSA-2048 para autenticar a transação. No entanto, os ficheiros são encriptados com canais protegidos por TLS durante o carregamento de dados, o ICE e o ITGDH são utilizados para os convites e também para o acordo de chaves (Lam, et al., 2012). Tudo isto pode ser feito diretamente a partir das unidades locais do utilizador e permite também apagar remotamente os documentos do utilizador.

A Tresorit afirma ter uma revogação eficiente e segura de todas as autorizações de utilizador sem sabotagem ou violações de segurança. O processo de revogação inclui a remoção da autorização, a eliminação do certificado, a reencriptação da raiz e a reencriptação do conteúdo. No entanto, o período de retenção dos dados pessoais após a cessação ou o cancelamento do registo no serviço está claramente definido, ao contrário do que acontece com o serviço Dropbox.

3.5.1 Tipos de encriptação aplicáveis à computação em nuvem

Existem três técnicas de encriptação diferentes utilizadas pelos serviços de armazenamento em nuvem. A figura abaixo ilustra o ciclo de vida da transferência de dados encriptados e não encriptados.

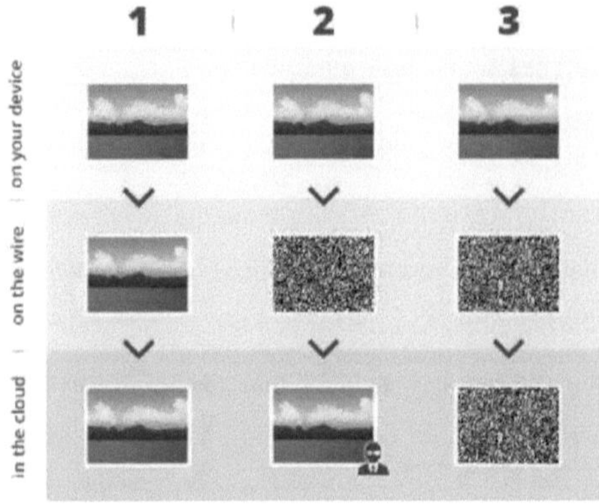

Figura 3-2. Um exemplo de fases de encriptação do ciclo de vida dos dados para dados na nuvem.

Nenhum (Sem encriptação)

Na figura 3-2 acima, as caixas sob a coluna "1" ilustram a ausência de encriptação dos dados. Os dados podem ser transferidos para o armazenamento na nuvem em texto simples (não encriptados) ao longo das três fases (no dispositivo do utilizador, no cabo e na nuvem).

Encriptação do lado do servidor (ligação encriptada)

Na figura 3-2 acima, as caixas sob a coluna "2" ilustram que a encriptação ocorre durante o trânsito. Será estabelecido um canal seguro entre o dispositivo cliente e o fornecedor de armazenamento antes de os dados serem carregados, de modo a evitar escutas. A figura abaixo mostra como funciona a encriptação do lado do servidor.

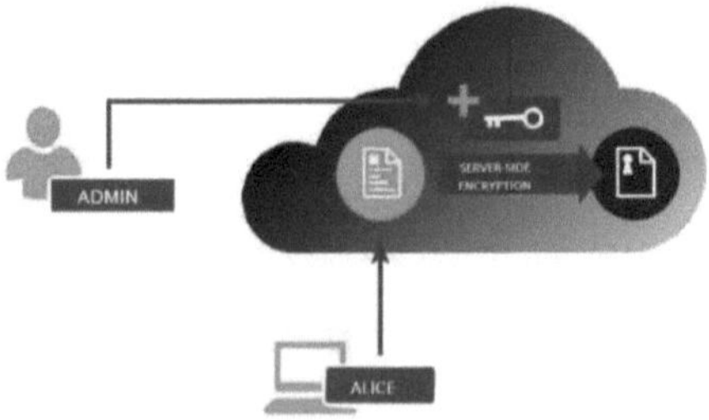

Figura 3-3. Esquema de encriptação do lado do servidor. [Adaptado de (TRESORIT White Paper, 2014)]

Encriptação do lado do cliente

Na figura 3-2 acima, as caixas sob a coluna "3" ilustram que a encriptação ocorre no fio e na nuvem.

O utilizador é responsável pela encriptação dos dados a partir do seu dispositivo antes do carregamento na nuvem. Ninguém (fornecedor ou funcionário) pode aceder aos dados carregados. A figura abaixo mostra como funciona a encriptação do lado do cliente.

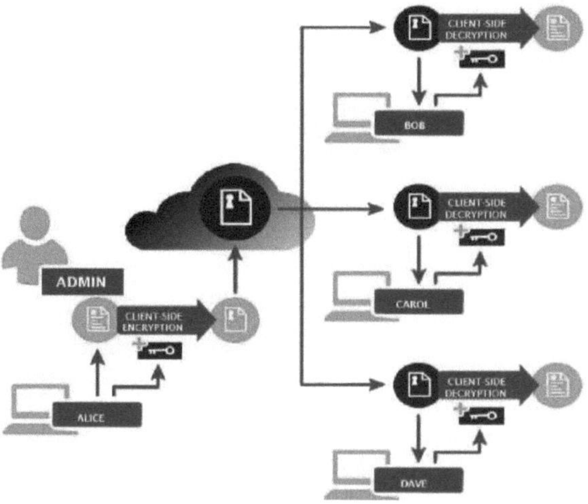

Figura 3-4. Esquema de encriptação do lado do cliente. [Adaptado de (TRESORIT White Paper, 2014)].

3.5.2 Vantagens e limitações do sistema de encriptação do lado do cliente

Vantagens (a) Armazenamento mais forte baseado na nuvem: A encriptação do lado do cliente pode ser utilizada para proteger completamente os dados pessoais contra a leitura ou a manipulação por parte do PSC ou dos empregados da organização contratante. Esta técnica garante que os dados e ficheiros armazenados na nuvem permanecem privados e inacessíveis a qualquer utilizador não autorizado.

Por exemplo, a encriptação do lado do cliente poderia ter desempenhado um papel importante no caso de uma fuga de informação da Sony (Robb, 2014), protegendo contra o roubo de filmes inéditos pertencentes à empresa Sony e outras revelações que ocorreram durante o ataque. Do mesmo modo, no caso dos escândalos do Celebrity iCloud (Strang, 2014), ao proteger as suas fotografias privadas de serem expostas.

(b) Proteção contra o acesso de terceiros: Outra vantagem importante do lado do cliente é a capacidade de negar o acesso de terceiros aos dados pessoais, como o fornecedor de serviços de armazenamento baseado na nuvem, adversários (por exemplo, hackers, parceiros comerciais), bem como uma agência de aplicação da lei. O CPS não pode aceder aos dados do utilizador, mesmo que lhe seja dada autorização para tal (Zafer, 2015).

(c) Perda ou roubo do dispositivo: A perda ou roubo do dispositivo do utilizador não compromete os dados, o utilizador poderá reter ou manter todos os dados pessoais armazenados na nuvem e também poderá redefinir a palavra-passe para manter a integridade dos dados/ficheiros pessoais baseados na nuvem e evitar que caiam num destino errado.

Desvantagens

(a) Capacidade reduzida de partilha de ficheiros: Uma vez que apenas o proprietário dos dados possui a frase-chave para a desencriptação dos dados, a partilha de dados/ficheiros com outros utilizadores será algo difícil. Isto pode ser muito complicado ou lento quando se partilha dados, ficheiros ou fotografias não sensíveis com familiares ou para fins comerciais.

(b) Não recuperação da palavra-passe esquecida ou perdida: a encriptação do lado do cliente não suporta/permite a recuperação da palavra-passe perdida ou esquecida pelo utilizador. Isto significa que, quando um utilizador perde/esquece a senha, todos os dados encriptados na nuvem são potencialmente perdidos. Mas se o utilizador conseguir recuperar a palavra-passe com a ajuda do prestador de serviços, o prestador deve conhecer a palavra-passe do utilizador, caso contrário a tecnologia utilizada não é uma encriptação do lado do cliente (Wuala; Zafer, 2015).

3.5.3 Vantagens e limitações do esquema de encriptação do lado do servidor Vantagens

(a) Processamento dos dados do cliente pelo fornecedor; facilitar ao utilizador o cumprimento de todos os requisitos do serviço e outras actividades relevantes no ambiente de computação em nuvem, que podem ser direta ou indiretamente realizadas pelo fornecedor em nome do utilizador (por exemplo, criar um índice de pesquisa para o utilizador do).

(b) Recuperação da palavra-passe em caso de perda ou esquecimento pelo utilizador com a ajuda do CSP.

(c) Para disponibilizar rápida e facilmente os dados no navegador Web ou através de uma interface programável de aplicação (API).

Desvantagens

(a) Privacidade limitada, uma vez que o controlo dos dados não está nas mãos do cliente

(b) Divulgação (por exemplo, ao Governo ou a uma organização terceira)

(c) Funcionários mal-intencionados contornam a política de privacidade e lêem os dados dos clientes para benefício pessoal ou sabotagem.

(d) A probabilidade de ocorrência de bugs/erros que possam resultar em fuga de dados e roubo por parte de adversários.

Apesar de todos os inconvenientes destacados da encriptação do lado do servidor, esta é a técnica de encriptação amplamente adoptada por muitos utilizadores (Wuala, 2015).

3.6 Responsabilidades em matéria de proteção da privacidade

A entidade responsável pela proteção da privacidade e da segurança suscita opiniões contraditórias em diferentes publicações. Alguns atribuíram-na aos fornecedores de serviços em nuvem, devido ao facto de poder ser viável transferir o risco/responsabilidade através de um acordo contratual, mas inviável em caso de responsabilização (Mather et al., 2009). No entanto, de acordo com a lei e a perceção do público, a responsabilidade pela privacidade e segurança dos dados deve recair sobre a primeira entidade que subcontratou as informações pessoais do utilizador (Pearson & Yee, 2012; Mather et al., 2009).

De acordo com a experiência e a história, se uma organização não gerir os dados pessoais do utilizador, este pode ser direta ou indiretamente responsabilizado por todos os danos causados. Por conseguinte, entregar a proteção dos dados pessoais a uma organização terceira não é aconselhável e constitui uma prática irresponsável que, a longo prazo, será grave.

Como tal, os utilizadores devem ter em mente que a privacidade em relação à externalização de informações ou à inter-relação de subcontratos representa as seguintes questões

- A responsabilidade pode ser transferida, mas não a responsabilização
- A avaliação dos riscos e a migração são muito importantes no processo do ciclo de vida dos dados
- É muito necessário compreender o requisito legal e o compromisso contratual.

3.7 Responsabilidade de ponta a ponta pelo serviço em nuvem

A responsabilização na gestão de dados pessoais é o aspeto crucial da maioria dos sistemas que lidam com grandes quantidades de dados. O objetivo e a ideia subjacentes a uma

A responsabilidade no serviço de armazenamento em nuvem consiste em garantir que todas as acções realizadas no sistema sejam rastreáveis e recuperáveis através de registos. A responsabilidade num serviço de TI, como a computação em nuvem, é ainda mais complicada e crucial devido ao grande número de utilizadores/dados que são tratados.

A responsabilidade de extremo a extremo tem por objetivo simplificar e facilitar a capacidade de verificar se as políticas implementadas que regem a manipulação e a inferência de dados foram cumpridas em conformidade (Feigenbaum & Weitzner, 2006). Uma responsabilização de extremo a extremo bem concebida deve ser acompanhada de transparência. A transparência significa simplesmente manter e conservar o registo histórico das manipulações de dados, que também pode ser devidamente examinado pelo utilizador autorizado.

A transparência de um sistema de inferência permite que os clientes compreendam claramente as ideias lógicas e factuais subjacentes às inferências que os sistemas lhes apresentam, enquanto a responsabilidade permite que os utilizadores/terceiros avaliem e verifiquem se as inferências disponíveis que lhes são apresentadas respeitam as leis, as regras e as políticas aplicáveis à prática legal e aceitável (Daniel et al., 2007).

Para a política, a prática e a conformidade da privacidade nos serviços em nuvem, a aplicação da responsabilidade de ponta a ponta a esse sistema pode ser a solução. A responsabilização consiste em exercer a responsabilidade em conformidade e também em torná-la verificável para que as partes interessadas/aplicáveis possam ver e garantir a prática da conformidade.

Embora existam muitas definições diferentes de responsabilidade, adoptámos o grupo de trabalho do artigo 29.º como a nossa definição de trabalho ao longo do estudo, porque capta os aspectos mais críticos da responsabilidade (ou seja, demonstrar como a responsabilidade é praticada e torná-la verificável), (Grupo de Trabalho do Artigo 29.º, 2010). Quanto à proteção de dados, utilizámos os Regulamentos da Comissão Europeia para o Regulamento Geral sobre a Proteção de Dados, de 2013, e a Lei de Proteção de Dados do Reino Unido, de 1998, como requisitos de privacidade adoptados no capítulo seguinte.

A responsabilização, de acordo com (Bennett, 1997a; 2001b), pode ser classificada em três formas, como se segue:

- A responsabilidade da política é considerada a principal responsabilidade que as organizações, especialmente as baseadas na Web, devem documentar adequadamente para que o utilizador conheça a política de privacidade real de uma determinada organização após o registo. A política de privacidade deve ser redigida numa linguagem clara e simples, compreensível para os utilizadores principiantes.
- A responsabilização pelo procedimento exige que as organizações mostrem todos os

mecanismos disponíveis capazes de dar resposta ao consentimento dos utilizadores, como um pedido de dados pessoais ou queixas sobre questões que não são claras para um utilizador, avaliação de riscos, módulo de formação do pessoal, etc. É, por isso, importante que as organizações mostrem a sua preparação para a aplicação da política de privacidade.

- A responsabilização da prática refere-se à manifestação empírica da eficácia da responsabilização do procedimento ou à prova da eficácia da aplicação da política de proteção da privacidade. Isto pode ser conseguido através de uma informação registada de toda a operação, a fim de provar a conformidade. Neste caso, pode ser utilizada uma técnica de formalização para abordar essa responsabilização através da definição de provas e responsabilidades por meio de uma ferramenta/técnica automatizada de verificação da conformidade (Butin, & Le M⅛tayer, 2014).

A responsabilização da política tem por objetivo abordar o compromisso vinculativo entre as partes envolvidas; a responsabilização do procedimento tem por objetivo instanciar a garantia organizacional, enquanto a responsabilização da prática concretizou as promessas de responsabilização exigidas. No entanto, todas elas estão interligadas e são relevantes para as fases do ciclo de vida dos dados pessoais que iremos analisar em seguida. As fases envolvidas na responsabilização de ponta a ponta dos dados pessoais para um sistema responsável estão representadas na figura abaixo

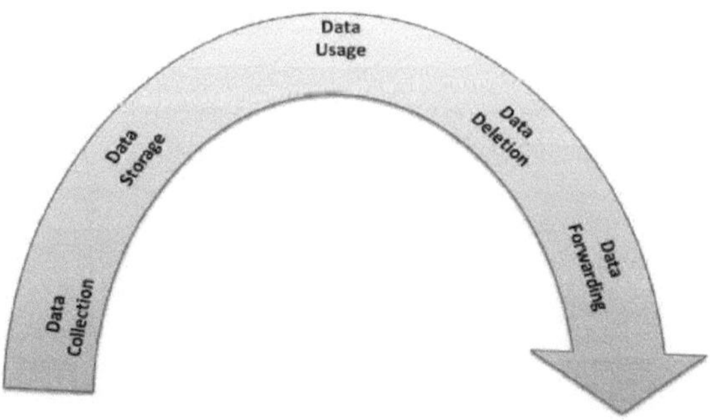

Figura 3-5. Ciclo de vida dos dados pessoais da responsabilidade de extremo a extremo

3.7.1 Fase 1- Recolha de dados (CD)

Os regulamentos que regem os dados recolhidos pelo fornecedor de serviços de computação em nuvem incluem:

DC1 Quando um fornecedor de serviços de computação em nuvem recolhe dados pessoais do

utilizador, o proprietário dos dados deve ser notificado sobre: (a) informações pormenorizadas sobre o fornecedor de serviços (b) todos os direitos legais relativos aos dados recolhidos (como o acesso, a eliminação, a modificação ou a rejeição) (c) finalidades do processo (d) forma de armazenamento dos dados (encriptados ou em texto simples) (e) período de retenção dos dados (f) destinatário dos dados e a quem os dados podem ser transmitidos. A pessoa em causa tem direito a todos estes elementos durante a recolha de dados no que diz respeito à responsabilidade pelos dados pessoais - *(considerandos 51, 48 e 47, artigos 13.o -A e 14.o)*.

DC2 A recolha de dados pessoais pelos prestadores de serviços de computação em nuvem deve ser legítima, com uma declaração clara da finalidade em relação ao titular dos dados, e apenas devem ser recolhidos os dados relevantes e aplicáveis para os fins definidos, não devendo ir além da finalidade declarada - (*art. 5.º)*.

DC3 Durante a recolha de dados, são necessárias entidades terceiras de confiança que prestem assistência no controlo da conformidade - (*Rec. 25, Art. 4)*.

DC4 Os registos dos dados recolhidos pelo prestador de serviços devem ser armazenados pelo responsável pelo tratamento para futura solicitação do titular dos dados ou da autoridade em caso de litígio, como violações da conformidade - *(art. 14.º)*.

3.7.2 Fase II - Armazenamento de dados (DS)

Os requisitos de armazenamento de dados definidos pelos regulamentos para os serviços em nuvem são:

DS1 A segurança (física e técnica) do armazenamento em nuvem dos dados pessoais de um utilizador deve ser assegurada para garantir a disponibilidade, integridade, autenticidade e disponibilidade dos dados, bem como restrições de acesso aos dados por parte do trabalhador, exceto para fins específicos e autorizados. - (*Rec 39, art. 30.º)*.

DS2 As ferramentas necessárias para a revisão atempada dos dispositivos de armazenamento de dados pessoais em nuvem devem ser fornecidas de forma adequada para manter um armazenamento seguro de dados pessoais - *(Rec. 30, Art. 5 e 17)*.

3.7.3 Fase III - Utilização de dados (DU)

Os requisitos de utilização de dados definidos pelos regulamentos para serviços em nuvem são: DU1 A informação do titular dos dados relativamente aos pormenores da manutenção de dados automatizados ("lógica [de] processamento mecanizado"), a incidência da definição de perfis e o seu processamento, as finalidades da utilização de dados e o direito a ter uma cópia duplicada dos dados pessoais que estão a ser processados devem ser adequadamente fornecidos para provar a conformidade total - *(Rec. 51, Art. 15 e 15)*.

DU2 Os prestadores de serviços de computação em nuvem devem demonstrar aos seus clientes a conformidade do tratamento de dados com a regulamentação, a fim de aumentar a confiança no sistema - *(Rec. 60 & 65, Art. 5 & 22)*.

DU3 O procedimento de conformidade e a implementação de políticas consistentes e que respeitem de forma persistente as decisões do titular dos dados devem ser cumpridos pelo prestador, recebendo e reformando essas políticas, eventualmente, a cada 2 anos de utilização - *(Art. 22.º)*.

DU4 Os fins para os quais os dados pessoais são recolhidos pelo prestador de serviços de computação em nuvem devem ser utilizados apenas para esse fim, devendo qualquer outro tratamento desses dados ser efectuado com o consentimento do titular dos dados - *(Rec. 30, Art. 5.º e 6.º)*.

No entanto, para utilizar eficazmente a política de privacidade técnica, todas as provas relativas à gestão de dados devem ser reunidas nos registos de um sistema, uma vez que a presença de registos reflecte os requisitos de manutenção de registos de dados e a conformidade com a política. Sempre que esses registos são fornecidos de forma eficiente, demonstrar a conformidade não é um problema, porque pode ser feito eletronicamente utilizando as aplicações de análise de registos disponíveis para efeitos de responsabilização da prática. (Butin & Le M⅛tayer, 2014).

3.7.4 Fase IV - Encaminhamento de dados (DF)

Os regulamentos que regem a transmissão/partilha de dados definiram o requisito abaixo:

DF1 Para cada reencaminhamento/partilha de dados pessoais pelo prestador de serviços, o titular dos dados deve ser informado e dar o seu acordo antes de tal ação ser tomada - *(Rec. 49 &51, Art. 14 &15)*. Para que os dados pessoais não sejam utilizados indevidamente para benefício pessoal.

DF2 A transferência transfronteiriça de dados para fora dos territórios europeus deve ser feita com protecções de segurança sólidas e também garantir que o local de destino para o envio dos dados respeita o direito do titular dos dados no que diz respeito à proteção e ao tratamento - *(Rec. 63 & 82, Art. 22 & 41)*.

DF3 - O envio de dados pessoais pelo fornecedor a qualquer entidade deve ser efectuado de forma segura (ou seja, protegendo a sua integridade e confidencialidade) - *(Rec. 39 & 60 & 66, Art. 23 & 30)*.

3.7.5 Fase IV - Eliminação/Retenção de dados (DD)

Os regulamentos relativos à eliminação de dados definiram os seguintes requisitos para os serviços em nuvem:

DD1 O período de conservação dos dados pessoais pelo prestador de serviços deve ser aplicado e deve ser "rigoroso a um nível mínimo". O responsável pelo tratamento dos dados deve impor medidas que garantam o respeito e o cumprimento do período de conservação de forma adequada - *(Rec. 30, Art. 17.º)*. Ou seja, a política de privacidade relacionada com os dados pessoais deve conter um limite de conservação e justificar esse limite num período de tempo muito curto.

DD2 - É da responsabilidade do responsável pelo tratamento de dados manter registos do apagamento de dados pessoais, a fim de demonstrar o respeito e a conformidade com os requisitos acima referidos - *(Rec. 30, Art. 5.º e 22.º)*.

DD3 - Quando um titular de dados solicita o apagamento de dados pessoais, o responsável pelo tratamento de dados deve garantir que os dados foram completamente apagados por terceiros num curto espaço de tempo. E todas as medidas necessárias devem ser tomadas em consideração para garantir que nenhum dado pessoal seja retido por terceiros - *(Rec. 54, Art. 13 e 17)*.

Resumo: o requisito de responsabilidade para o responsável pelo tratamento de dados do serviço de computação em nuvem foi sistematicamente destacado e brevemente analisado ao longo de todas as fases do ciclo de vida dos dados pessoais. Para cada um dos requisitos discutidos, é possível obter uma série de provas para efeitos de auditoria. A responsabilidade foi considerada um requisito oneroso nalgumas organizações, porque exige uma medida adicional para gerar, organizar e armazenar provas aplicáveis. A prestação de contas desde o início reduzirá drasticamente esses custos. No entanto, a prática da prestação de contas proporciona um valor adicional à organização, como o incentivo à quantificação, aos processos internos e à responsabilidade do pessoal. O objetivo da prestação de contas não é proporcionar uma privacidade total (De Hert, 2012), mas sim aumentar a confiança nos sistemas.

Capítulo 4

4. Metodologia de conceção

Tendo estudado e analisado os requisitos da política de privacidade de alguns serviços de armazenamento em nuvem com um esquema de cifragem diferente (lado do cliente utilizado pelo "Tresorit" e lado do servidor utilizado pelo "DropBox"), apercebemo-nos de que há algumas questões de privacidade relacionadas com a gestão dos dados pessoais dos utilizadores que têm de ser resolvidas, bem como a falta de sensibilização adequada dos utilizadores para os seus direitos sobre os dados pessoais. Esta proposta de política de privacidade está estritamente em conformidade com os regulamentos da Comissão Europeia para a Lei Geral sobre a Proteção de Dados (Comissão Europeia sobre o Regulamento Geral sobre a Proteção de Dados, 2013) e a Lei de Proteção de Dados do Reino Unido (1998). Centrámos o nosso trabalho com base nas disposições em matéria de privacidade estipuladas nestes regulamentos, o que tornará o nosso trabalho muito reconhecível perante os leitores e outras entidades interessadas no domínio dos serviços de computação em nuvem e não só.

A política que propomos visa proporcionar uma responsabilidade de extremo a extremo no que respeita à proteção da privacidade dos dados pessoais no armazenamento de serviços em nuvem, o que, por sua vez, pode aumentar a responsabilidade, a confiança, a integridade e a confidencialidade entre as partes envolvidas.

O quadro de proteção da privacidade abrangerá os seguintes aspectos críticos do ciclo de vida dos dados pessoais, tal como referido no capítulo anterior.

1. Política de recolha de dados
2. Política de armazenamento de dados
3. Política de partilha/encaminhamento de dados e
4. Política de eliminação/retenção de dados

4.1. Critérios de conceção do quadro de proteção da privacidade

O requisito de privacidade e proteção dos dados pessoais proposto neste trabalho inclui o requisito de privacidade e a responsabilidade de extremo a extremo pelo tratamento dos dados pessoais dos utilizadores.

4.1.1 Requisitos de privacidade para serviços de armazenamento em nuvem

Os princípios da Lei de Proteção de Dados do Reino Unido, de 1998, são um dos requisitos de privacidade adoptados e considerados neste projeto. Os requisitos destacaram a forma como os dados pessoais devem ser processados. (Ver secção 3.3.5). Na tabela abaixo, resumimos esses princípios e, posteriormente, avaliámos a sua aplicabilidade e importância para os serviços em nuvem.

Principle	Description	Applicable to cloud storage service?
[i]	All personal data shall be fairly and lawfully processed, and in particular, it shall not be processed provided: • any of the principle [ii] is not met • any of the principle [iii] is not met (i.e., In case of sensitive personal data).	YES
[ii]	User personal data shall be obtained just for one or more specific and legitimate purpose, and shall only be processed based on or for stated purposes.	YES
[iii]	Personal data shall be adequate, applicable and precise to the stated purposes of personal data processing	NO
[iv]	Personal data shall be accurate and kept up-to-date where possible and necessary.	NO
[v]	Personal data being processed for any other purpose(s) shall not be retained longer than is necessary for that purpose (s).	YES
[vi]	Personal data shall only be processed in line with the data subject's rights.	NO
[vii]	Proper technical and organisational measures shall be taken in protecting unlawful processing of data, as well as accidental loss, destruction of, or any form of damage to personal data.	YES

[viii]	Personal data shall not be moved to any country or region out of the European Economic area unless such a country will ensure adequate protection for the freedom and rights of the data subject with regards to personal data processing.	YES

Quadro 4-1. Resumo dos princípios da lei de proteção de dados do Reino Unido de 1998.

Analisámos os princípios acima referidos para os adequar aos nossos requisitos de privacidade, uma vez que nem todos os princípios são puramente aplicáveis aos serviços de armazenamento em nuvem. Os princípios [iii], [iv] e [vi] não são direta ou indiretamente aplicáveis ao armazenamento em nuvem, em comparação com a maioria dos serviços baseados em nuvem. Os principais requisitos para os critérios do serviço de armazenamento em nuvem são resumidos da seguinte forma:

[i] Apenas os dados confiados devem ser tratados pelos serviços de armazenamento em nuvem e devem ser tratados de forma justa e legal

[ii] É inaceitável manter a cópia de segurança durante mais tempo do que o necessário

[iii] Os dados não devem ser objeto de tratamento posterior para além das finalidades principais

[iv] Os dados pessoais conservados não devem ser alterados por qualquer motivo

[v] Os dados pessoais conservados devem ser dotados de uma segurança adequada

[vi] Os dados pessoais conservados devem ser devidamente controlados com restrições de acesso

[vii] As perdas ou danos acidentais devem ser protegidos, eventualmente através de uma cópia de segurança

[vii] Os objectivos da recolha devem ser claramente definidos

Os requisitos acima referidos seriam os motores da conceção da nossa proposta de política de privacidade, para além dos requisitos de responsabilidade de ponta a ponta discutidos nos capítulos anteriores, que derivam dos regulamentos gerais de proteção de dados da UE.

4.2 Política de dados pessoais para serviços de armazenamento em nuvem

A política de dados Pol_{dt}, que rege o processamento de dados pessoais neste nosso trabalho de projeto, é composta por partes que capturam os requisitos de responsabilidade de ponta a ponta para o processamento de dados pessoais no ambiente de nuvem, em conformidade com os regulamentos gerais de proteção de dados da UE/Reino Unido, nomeadamente: recolha de dados pessoais; armazenamento; encaminhamento/partilha; eliminação/retenção. Estes requisitos políticos podem ser descritos a seguir com base em notações e, mais tarde, explicados em pormenor para melhor compreensão do leitor, como se mostra a seguir.

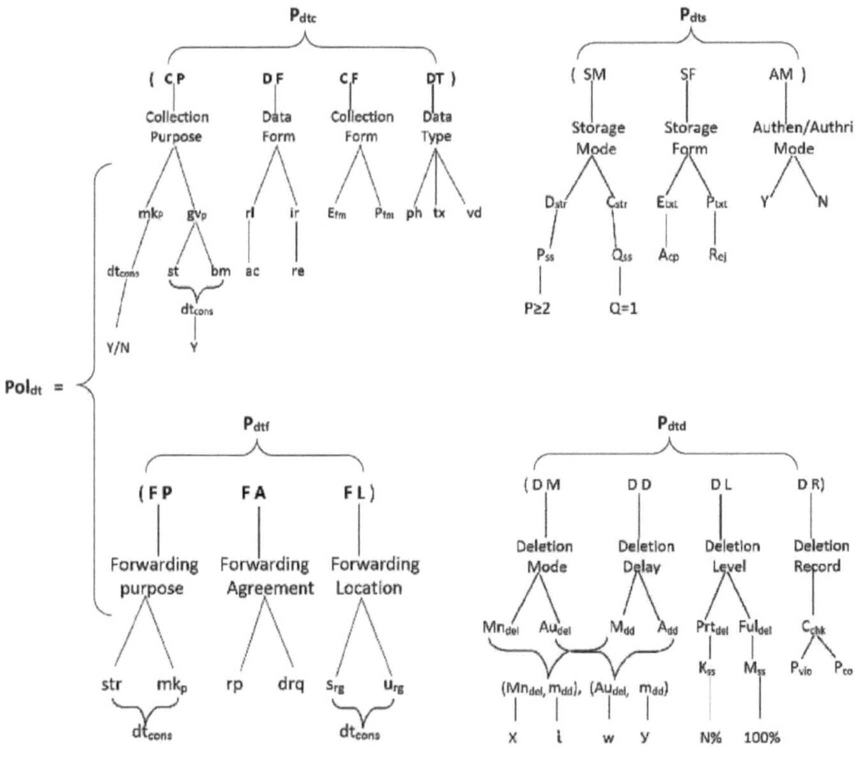

Figura 4-1 Estrutura do diagrama em árvore da política de dados

A política de dados Pol_{dt} é definida por $\{P_{dtc}, P_{dts}, P_{dtf} P_{dtd}\}$, que será explicada em pormenor na secção seguinte deste capítulo.

Os dados **dt** são definidos como ***dt = (ow, ds, typ, id),*** em que **ow** é o proprietário dos dados a carregar para a nuvem, que pode autorizar ou negar o acesso a determinados dados e é responsável pela alteração ou eliminação desses dados. Qualquer acesso ou tratamento desses dados deve ser efectuado com o consentimento de ow. O titular ***dos*** dados é a pessoa/entidade identificável a quem uma determinada informação pessoal anexada a se refere diretamente. Por exemplo, uma fotografia ou um vídeo de uma entidade. O ***tipo*** de dados para armazenamento na nuvem pode ser uma fotografia, um texto ou um vídeo que deve ser encriptado antes de ser carregado na nuvem, de acordo com a nossa proposta de política de dados, e a identidade dos dados ***id,*** é o identificador único utilizado para diferenciar qualquer dado carregado na nuvem, que pode ser utilizado para uma rápida identificação e recuperação dos dados no armazenamento na nuvem.

4.2.1 Política de recolha de dados

A recolha de dados pessoais inclui a finalidade da recolha (CP), a forma/classe de dados (DF) a recolher, o formulário de recolha (CF) e o tipo de dados a recolher (DT). A política de recolha no nosso trabalho proposto exige que toda a recolha de dados pessoais para armazenamento na nuvem seja muito específica, relevante, legítima e com razões claras por detrás da recolha, para efeitos de responsabilização. Estas incluem:

- Só devem ser recolhidos dados pertinentes e legítimos *(art. 5.º)*
- O objetivo da recolha deve ser claramente explicado. *(Art. 5.º)*
- A recolha deve ser efectuada com o consentimento da pessoa em causa/proprietário dos dados
- A pessoa em causa/proprietário dos dados pode aceitar ou rejeitar o pedido, exceto se se tratar de um pedido governamental. *(Rec. 38 & 47 & 48 & 51, Art. 13a & 14)*
- A forma como os dados devem ser recolhidos (simples ou codificados) deve ser indicada com os motivos que a justificam. *(Rec. 38 & 47 & 48 & 51, Art. 13a & 14)*
- Os registos de recolha devem ser mantidos pelo responsável pelo tratamento de dados para utilização futura, quer pelo responsável pelo tratamento de dados quer pela autoridade de controlo. *(Art. 14.º)*

No entanto, por uma questão de clareza e de boa compreensão do leitor, explicámos cada elemento da política de eliminação utilizando a estrutura em árvore ilustrada abaixo, que também é explicada em conformidade.

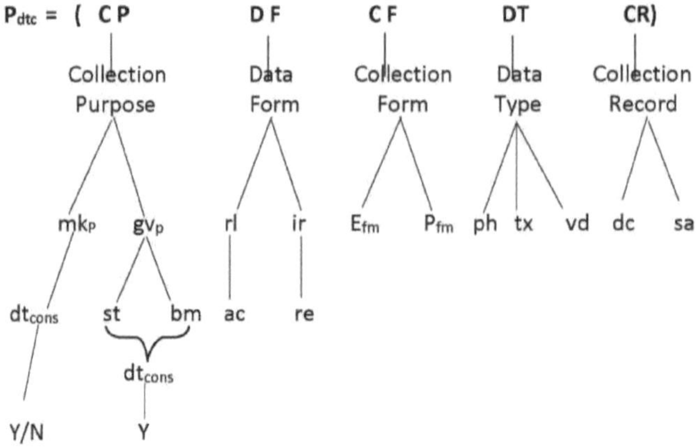

A finalidade da recolha ***CP*** é definida por ***(mkp, gvp;sta, bm dtcons, YN)***, em que *mkp* é a recolha de dados para fins de marketing, por exemplo, para armazenar uma grande quantidade de dados na nuvem, que deve ser efectuada com o consentimento do titular dos dados/proprietário ***dtcons,*** antes de qualquer recolha, que tem uma opção sim ***Y***, ou não ***N,*** ou seja, para concordar ou discordar da finalidade da recolha.

A finalidade governamental ***gvp,*** para a recolha de dados pessoais, que pode ser para fins estatísticos ***st,*** ou para fins biométricos ***bm,*** também exige uma explicação clara ao titular dos dados aquando da recolha e carregamento na nuvem, que deve ser aceite pelo titular dos dados. Qualquer recolha de dados pessoais, quer pelo governo, quer por qualquer outra entidade, deve respeitar o direito legal.

O formulário de dados ***DF*** é definido por ***{rl, ir, ac, re}***, em que ***rl*** é a recolha de apenas dados relevantes e legítimos para efeitos de registo ou armazenamento, que se espera sejam aceites ***ac***, pelo titular dos dados, se a recolha for relevante e legítima. Os dados irrelevantes ***ir***, não devem ser considerados para recolha, mesmo que o sejam, devem ser rejeitados ***re***, para evitar a divulgação desnecessária de dados e a sua má gestão.

A forma de recolha de dados pessoais ***FC*** é definida por ***{Em, Pm},*** em que ***Em*** é a recolha de dados de forma cifrada para qualquer fim que não seja governamental, por exemplo, para fins de marketing, por exemplo, a externalização dos dados para fins de armazenamento. Esses dados devem ser recolhidos junto do proprietário de forma cifrada, ao passo que ***Pm*** são dados simples ou não cifrados que podem ser recolhidos pelo governo por muitas razões indicadas na ***PC*** supra. Esses dados podem ser recolhidos de forma simples e, após a sua utilização, devem ser devidamente encriptados para evitar o acesso não autorizado. Embora este não seja o objetivo da nossa conceção, uma vez que todos os dados têm de ser encriptados antes de serem carregados.

O tipo de dados ***DT*** a recolher é definido por ***{ph, tx, vd}***, em que ***ph*** se refere a dados fotográficos pessoais, ***tx*** a dados de texto e ***vd*** a dados de vídeo, que devem ser recolhidos legalmente para armazenamento em nuvem com o consentimento do titular/proprietário dos dados.

O registo de recolha ***CR,*** é definido por ***{dc, sa},*** onde o responsável pelo tratamento de dados que pode manter o registo para utilização futura, como a resolução de litígios ou em caso de pedido da autoridade de controlo ***sa***, como a verificação da conformidade e outros pedidos relacionados.

4.2.2 Política de armazenamento de dados

Esta é a política que rege o armazenamento de dados pessoais após a sua recolha, que inclui o modo de armazenamento (descentralizado e centralizado), a forma como devem ser armazenados/carregados para o armazenamento na nuvem e a autorização de acesso ao armazenamento, conforme demonstrado abaixo.

- Os servidores de armazenamento em nuvem devem ser descentralizados para garantir a segurança e a disponibilidade dos dados *(Rec. 39, Art. 30)*
- Todos os dados devem ser encriptados antes do carregamento na nuvem *(Rec. 39, Art. 30)*
- Devem ser utilizados mecanismos de autenticação de "armazenamento" adequados *(Rec. 39, Art. 30).*
- O acesso aos dados armazenados deve ser limitado e suportado por todos os dispositivos com acesso à Internet *(Rec. 39, Art. 30).*

No entanto, por uma questão de clareza e de boa compreensão do leitor, explicámos cada elemento da política de eliminação utilizando a estrutura em árvore ilustrada abaixo, que também é explicada em conformidade.

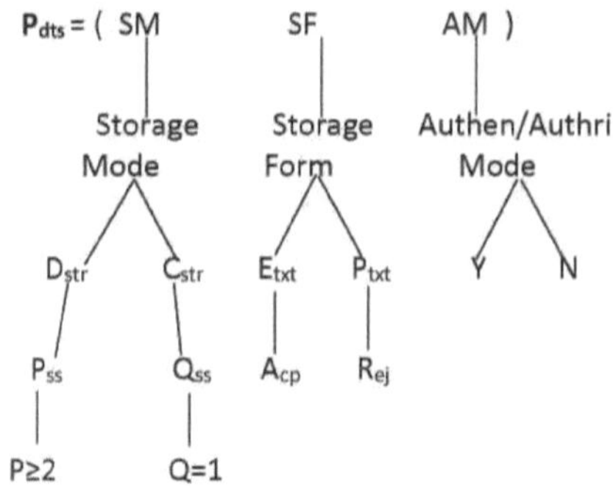

Modo de armazenamento de dados (SM): A política de armazenamento que propomos deve empregar a descentralização dos servidores de armazenamento para um acesso rápido e global, bem como por razões de segurança, o que é definido como *{Dstr, Pss,* ***Cstr***, *Qss}*. A discussão que se segue descreve o modo de armazenamento em pormenor.

Um servidor de armazenamento descentralizado, ***Dstr***, é definido por vários servidores de armazenamento *Pss*, em que $P \geq 2$. Isto significa que o número de servidores de armazenamento deve ser, pelo menos, dois e superior, o que pode facilitar o acesso rápido aos dados armazenados a nível global e aumentar a segurança e diminuir o risco de perda/dano dos dados. Um servidor de armazenamento centralizado *Cstr* é definido como um único servidor de armazenamento ***Qss***, em que $Q = 1$. Isto significa que o número de servidores de armazenamento não deve ser superior a um, o que pode não ser uma boa ideia em termos de perspectivas de segurança (Ruj, et al., 2014).

Forma de armazenamento (SF): o armazenamento de dados para serviços em nuvem divide-se em dois (texto encriptado *Etxt* e texto simples *Ptxt*). Em que *Etxt* é a encriptação dos dados antes de serem carregados para a nuvem pelo proprietário dos dados, a fim de evitar fugas de dados e outras formas de espionagem, e *Ptxt* é o carregamento de texto simples para a nuvem antes da encriptação, que pode ser posteriormente encriptado pelo fornecedor de serviços. Esta transferência de dados para a nuvem pode ser vulnerável a escutas falsas através de um ataque man-in-the middle (Jansen, 2011).

Note-se que o nosso trabalho proposto, tal como acima salientado, apenas suporta o carregamento de dados encriptados para o armazenamento na nuvem.

O $_{Acp}$ representa a aceitação apenas do texto cifrado $_{Etxt}$ a ser carregado no armazenamento na nuvem, enquanto o $_{Rej}$ representa a recusa/rejeição do texto simples $_{Ptxt}$ no armazenamento na nuvem.

Modo de Autorização/Autenticação (AM): o acesso a qualquer sistema tem apenas duas opções (aceitar ou rejeitar, Sim ou Não). O ***Sim*** indica que foram fornecidas credenciais corretas para aceder aos dados armazenados (acesso autorizado), enquanto o ***Não*** indica que foram fornecidas credenciais incorrectas para aceder aos dados (acesso não autorizado), que podem ser rejeitadas pelo sistema.

4.2.3 A política de reencaminhamento/partilha

O reencaminhamento de dados pessoais para uma organização terceira é uma prática comum do armazenamento em nuvem serviços. A política de reencaminhamento no nosso trabalho inclui a finalidade do reencaminhamento (FP), o acordo de reencaminhamento (FA) e a localização do reencaminhamento (FL) dos dados pessoais na nuvem. Estes incluem:

- A transmissão/partilha de dados deve ser feita com o consentimento do titular dos dados. *(Rec. 49 & 51, Art. 14 & 15)*
- O destinatário dos dados partilhados/encaminhados deve respeitar a política de privacidade dos dados. *(Art. 28.º)*
- O responsável pelo tratamento de dados deve garantir que todos os dados partilhados/transmitidos foram completamente apagados quando solicitado pelo titular dos dados. *(Rec. 54, Art. 13º e 17º)*
- Os dados pessoais não devem ser transmitidos a nenhuma região em guerra ou com elevado nível de insegurança. *(Rec. 39 & 60, Art. 23 & 30)*

No entanto, por uma questão de clareza e de boa compreensão do leitor, explicámos cada elemento da política de eliminação utilizando a estrutura em árvore ilustrada abaixo, que também é explicada em conformidade.

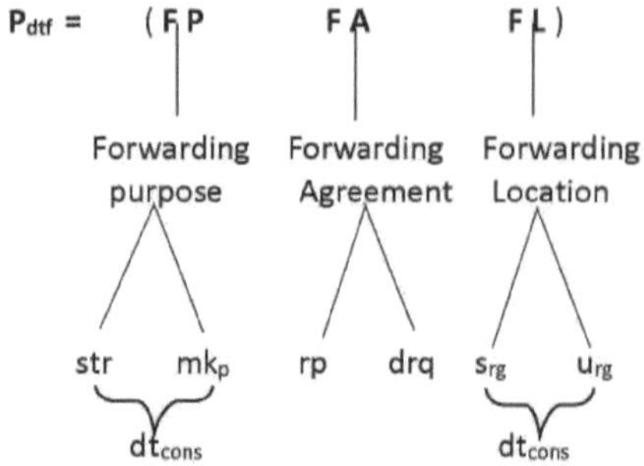

A finalidade da transmissão de dados pessoais ***FP*** é definida por ***{str, bs,*** dt_{cons}***}***, em que ***str*** é a transmissão de dados pessoais a uma organização terceira para fins de armazenamento e para fins comerciais ***bs***, que podem ser posteriormente processados para fins de marketing ou outros motivos relacionados. Essa manipulação de dados pessoais deve ser efectuada com o consentimento do titular dos dados/proprietário dt_{cons}.

O acordo de reencaminhamento ***FA*** é definido por ***{rp, drq}***, em que **rp** é a confirmação pelo destinatário dos dados partilhados/encaminhados de que a política de privacidade dos dados pessoais será respeitada e cumprida em conformidade. E o pedido de eliminação ***drq*** representa a eliminação de dados pessoais pela organização terceira que detém os dados pessoais que lhe foram transmitidos para armazenamento ou para fins comerciais, mediante pedido do titular/proprietário dos dados. O prestador de serviços é responsável por garantir que todos os dados transmitidos sejam totalmente apagados pela organização terceira.

A localização de reencaminhamento dos dados pessoais ***FL*** é definida por ***{srgu***$_{rg}$***,*** dt_{cons}***}***, em que s_{rg} é o reencaminhamento dos dados pessoais apenas para uma região segura, que também respeita a política de privacidade dos dados pessoais em nuvem, e deve ser feita com o consentimento do titular/proprietário dos dados dt_{cons}, antes de efetuar essa ação. No entanto, o titular dos dados/proprietário também pode exercer os seus direitos sobre os dados pessoais para aceitar ou rejeitar as acções do fornecedor de serviços. A região insegura u_{rg} representa que nenhum dado pessoal será transmitido para um local/região que esteja em guerra ou num registo de elevada insegurança, como a Síria, o Iraque, o Afeganistão, a Libéria, etc. Estas regiões não devem ser consideradas para a transmissão de dados pessoais, a menos que haja uma garantia clara de que os dados pessoais não serão prejudicados.

4.2.4 Política de eliminação/retenção de dados

Os requisitos da política proposta que regem a supressão/retenção de dados pessoais incluem o tipo de supressão aplicável aos dados armazenados na nuvem, o prazo de supressão/retenção após a supressão dos dados pelo proprietário e o nível de supressão, que pode ser parcial ou total. A política projectada proposta inclui o seguinte:

Os dados pessoais devem ser apagados do lado do proprietário, bastando para tal clicar/pressionar o botão de apagar.

- Os dados devem ser automaticamente apagados dentro de um período de retenção global, por exemplo, depois de o proprietário dos dados ter deixado de estar registado no sistema. Isto evita que os dados sejam mantidos no sistema para sempre. *(Rec. 30, Art. 17).*

- Todos os dados nos servidores de armazenamento devem ser destruídos após um número de dias especificado/acordado, e também em função de determinados sistemas e especificações. *(Rec. 30, Art. 17).*

- O período de conservação dos dados não deve exceder o número de dias especificado/acordado a partir da data da eliminação e depende também da regulamentação específica. *(Rec. 30, Art. 17).*

- Os diários/registos relativos ao apagamento total dos dados devem ser conservados para demonstração da conformidade *(Rec. 60 & 65, Art. 5 7 22)*

No entanto, por uma questão de clareza e de boa compreensão do leitor, explicámos cada elemento da política de eliminação utilizando a estrutura em árvore ilustrada abaixo, que também é explicada em conformidade.

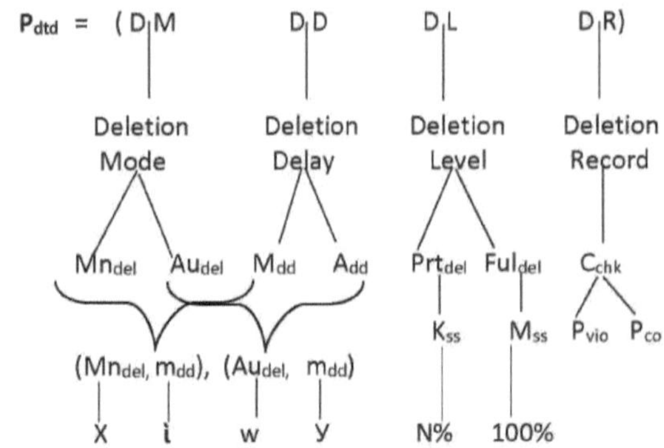

Modo de eliminação (DM): a eliminação total dos dados dos serviços de armazenamento em nuvem é normalmente efectuada pelos fornecedores de serviços. A política proposta para o modo de eliminação DM, tal como destacado acima na notação baseada, pode ser definida como *{Mnde l , Aude / , X, w}*, e explicada da seguinte forma:

O apagamento manual *Mnde l* refere-se ao apagamento de dados pelo titular/proprietário dos dados, que pode ser efectuado clicando/pressionando o botão de apagar, e que devem ser apagados no prazo de X ***segundos***, em que X pode ser qualquer número natural (n) a partir de 1. O apagamento automático *Aude /* é o apagamento de dados pelo sistema após o cancelamento do registo no serviço, no prazo de ***Wnúmero*** de dias (s), em que W pode ser qualquer número natural (n) a partir de 1.

Atraso de exclusão (DD): varia de acordo com a política individual de armazenamento em nuvem, bem como o compromisso de conformidade empregado por um determinado serviço de armazenamento. A política de atraso de eliminação DD proposta, tal como destacado acima na notação baseada, pode ser definida como ***{mdd, add, i, y}***, e explicada da seguinte forma:

O atraso de apagamento manual ***mdd*** refere-se ao período de atraso de apagamento (retenção) após os dados terem sido apagados pelo proprietário, este não deve exceder um máximo de ***i*** segundo (s) onde ***i*** é qualquer número natural (n) a partir de 1. E ***add*** é o atraso de apagamento/retenção automática de dados pessoais do prestador de serviços após o *Mnde l* estar a ser efectuado, e este não deve exceder **y** número de dia (s), a partir da data de apagamento manual, onde **y** pode ser qualquer número natural (n) a partir de 1.

Nível de eliminação (DL): a maioria dos serviços de armazenamento em nuvem não se preocupa em destruir os dados pessoais dos utilizadores após o termo do contrato/registo. A nossa política de eliminação de dados proposta exige a eliminação total dos dados de ***M*** servidores de armazenamento, em que ***M*** é o número total de todos os servidores de armazenamento disponíveis. A DL é definida por *{Prtde / , Fu / de / , Kss, Mss, M, K, N}*

A eliminação parcial, *Prtde /* , representa a eliminação de ***N%*** de *Kss,* em que *Kss* é o total de dados de K servidores de armazenamento de ***Mss***. *Mss* é o número total de M servidores de armazenamento e ***N*** é qualquer percentagem de eliminação de dados inferior a 100%, enquanto ***K*** é a parte de ***M*** dos servidores de armazenamento *(K<M)*. A eliminação total ***Fu / de /*** , representa uma eliminação total (100%) dos dados de todos os servidores M pelo fornecedor de serviços após/antes do termo do período de retenção de **Y** dias.

O **registo de apagamento (DR)** consiste na manutenção de registos de qualquer apagamento de dados pessoais pelo responsável pelo tratamento de dados/prestador de serviços e é definido por *{Cch,pviopcon},* em que *Cch* é a verificação da conformidade da ação reivindicada. ***O*** *pvio* representa a violação da política que rege a eliminação de dados pessoais estipulada pelos requisitos da política de eliminação, em que o *pco* é o cumprimento total do requisito de eliminação de dados num determinado período de tempo.

Nota: a presente proposta de política foi concebida numa estrutura de diagrama em árvore para maior clareza e compreensão, mesmo para os leitores menos experientes no domínio da computação em nuvem e não só, e também para compreender o direito de um utilizador sobre os dados pessoais e as obrigações do PSC.

Capítulo 5

5. Análise comparativa e conceção do quadro

5.1 Proposta de um quadro de privacidade para o armazenamento na nuvem

O nosso quadro de privacidade baseia-se no sistema de responsabilidade de ponta a ponta definido nos regulamentos da UE sobre a privacidade dos dados pessoais e na lei de proteção de dados do Reino Unido de 1998. O projeto dará uma ideia do funcionamento da política proposta.

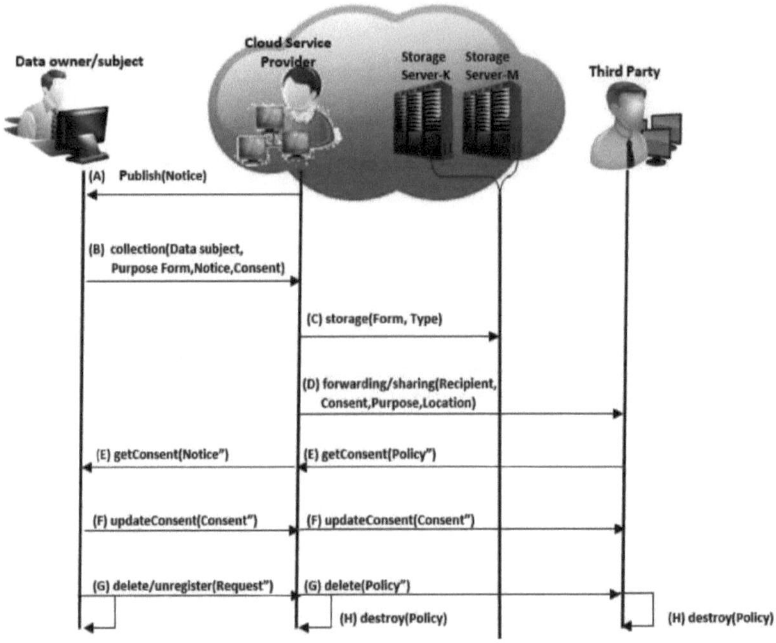

Figura 5-1: O quadro de privacidade proposto para o armazenamento na nuvem

(A) Antes da recolha de dados pessoais, é da responsabilidade do fornecedor de serviços de computação em nuvem (PSC) publicar um aviso de privacidade com informações pormenorizadas sobre a finalidade prevista para a recolha de dados pessoais. Tal pode ser demonstrado num determinado sítio Web ou numa parte do formulário Web (formulário de registo ou de início de sessão).

(B) *Recolha:* o titular/proprietário dos dados também tem de dar o seu consentimento à declaração de privacidade publicada pelo fornecedor antes de enviar os dados pessoais para a nuvem. Nos processos de recolha, o PSC associa os dados pessoais do utilizador com os metadados de privacidade necessários para aplicar a declaração de privacidade, estes metadados incluem

- Política de privacidade: a política que rege o tratamento de dados pessoais
- Consentimento: as opções Opt-in e Opt-out
- Titular dos dados: o sujeito/proprietário dos dados recolhidos
- Finalidade: a utilização prevista dos dados pessoais
- Forma: a paixão com que os dados devem ser recolhidos

Neste caso, a identidade da pessoa em causa é necessária, uma vez que a nossa política proposta apoia a notificação da pessoa em causa sobre qualquer ação a tomar em relação aos dados pessoais. Por exemplo, se um aviso de política diz "os seus dados pessoais serão partilhados/encaminhados para terceiros, a política de privacidade deve identificar a entidade real que recebe os dados, o que pode dar ao dso um sentido de razão para aceitar ou recusar.

(C) *Armazenamento:* depois de os dados terem sido recolhidos, o passo seguinte é o seu processamento e armazenamento no servidor de armazenamento em nuvem. Os metadados de privacidade associados aos dados pessoais devem apoiar o "modo" de descentralização dos servidores de armazenamento, para disposições de segurança, simplicidade de acesso e controlo.

A "forma" em que os dados são armazenados no armazenamento em nuvem deve ser cifrada para evitar qualquer possibilidade ou privilégio que um PSC ou um funcionário mal-intencionado possa exercer para ter acesso aos dados pessoais. No entanto, o acesso a esses servidores de armazenamento deve ser restrito e dotado das melhores protecções físicas e técnicas de segurança.

(D-F) *Reencaminhamento/partilha:* o reencaminhamento/partilha de dados é uma prática comum dos serviços de armazenamento em nuvem. Como tal, pode ser considerada como uma classe especial de utilização/tratamento de dados no que diz respeito à responsabilidade da prática. Neste caso, a política deve ser integralmente cumprida para evitar a violação da privacidade dos dados pessoais.

No entanto, o PSC tem de verificar se a política associada aos dados pessoais pode permitir a transmissão a terceiros e deve também confirmar que o destinatário dos dados adere e cumpre a política associada aos dados. Em seguida, os dados serão transmitidos juntamente com a política de privacidade principal e com o consentimento do proprietário. {Ver (Backes, 2004; Karjoth, 2003) para algumas políticas de gestão do quadro de divulgação dos dados pessoais do utilizador.

Por conseguinte, qualquer transformação, utilização ou tratamento posterior dos dados pessoais, quer pelo terceiro, quer pelo PSC, que não esteja abrangido ou consentido logo na fase de recolha, ou mesmo que não esteja claramente definido/especificado, deve requerer a autorização da dso [E & F]. É da responsabilidade da dso aceitar ou rejeitar o pedido.

(G-H) *Apagamento:* o apagamento de dados pessoais no âmbito da nossa política pode ser deliberado pelo proprietário dos dados ou anular o registo do serviço. Para a eliminação deliberada, significa que as informações/dados do proprietário no servidor K serão eliminados manual e automaticamente após premir/clicar no botão de eliminação do dispositivo do utilizador, ao passo que os restantes dados no servidor M serão destruídos pelo sistema ou pelo PSC antes/depois do termo do período de retenção global dos dados pessoais.

No entanto, os dados transmitidos também devem ser apagados a pedido do dso em todo o armazenamento, e é da responsabilidade do PSC garantir que todos os dados pessoais transmitidos foram completamente destruídos. Além disso, os registos desta destruição de dados são necessários para garantir ou mostrar que a demonstração de tal ação é realizada em conformidade, por uma questão de conformidade e responsabilidade.

5.2 Comparação (Dropbox e Tresorit) em relação à política proposta

Uma vez que concebemos a linguagem da política de privacidade para dados pessoais no capítulo anterior, este capítulo resume e compara a nossa política proposta com a Dropbox e a Tresorit, a fim de avaliar a forma como a privacidade dos dados pessoais é respeitada pelos referidos serviços de armazenamento em relação à nossa política proposta. No entanto, para mais pormenores sobre as nossas conclusões em relação ao quadro abaixo, ver a secção 3 (capítulo Três) deste trabalho de projeção (Política de privacidade da Dropbox; Política de privacidade da Tresorit, 2015; Soghoian, 2011).

Utilizámos os seguintes parâmetros para resumir e avaliar as terminologias políticas no **Quadro 5-1** abaixo:

- FD = Totalmente Definida (a informação requerida é declarada, fornecida ou está em conformidade com a política de privacidade proposta)
- PD = Parcialmente Definida (Nem toda a informação requerida é fornecida, especificada,

declarada ou cumprida com a política de privacidade proposta ou mesmo não é totalmente reverente).

- ND = Não definido (Não são fornecidas, definidas ou cumpridas quaisquer informações exigidas na política de privacidade proposta)

Proposed Privacy Policy	Dropbox Policy	Tresorit Policy
Collection Policy:		
• Data collection purposes	FD	FD
• Relevancy and legitimacy of collected data	PD	FD
• Data owner/subject Rights over Personal data	PD	PD
• Collection form of personal data	ND	FD
• Collection records of personal data	ND	ND
Storage Policy:		
• The storage form (Centralized or Decentralised)	ND	ND
• Storage type (encrypted or plain text)	PD	FD
• Authentication mechanisms used	PD	FD
• Access restriction to storage servers	PD	PD
Forwarding/Sharing Policy:		
• Forwarding/sharing purposes of personal data	PD	FD
• Forwarding/disclosure agreement (third party in respect of privacy policy compliance)	PD	PD
• Consulting data owner's consent prior to forwarding	ND	ND
• Forwarding location of the personal data	PD	ND
Deletion/Retention Policy:		
• Deletion of data by the data owner	ND	ND
• Deletion mode for personal data	PD	PD
• Retention delay period of deleted data	ND	FD

• Deletion level (after data owner deleted his data)	ND	ND
before the final destruction	ND	ND
• A Deletion record for compliance checking		

Tabela 5-1. Avaliação comparativa da privacidade proposta em relação às políticas do Dropbox e do Tresorit.

5.3 Comparação das políticas em matéria de privacidade, responsabilidade e conformidade

No que diz respeito à privacidade dos dados pessoais, o Dropbox desempenha o seu próprio papel, apesar de terem sido levantadas muitas questões relacionadas com o tratamento e a partilha (deduplicação) dos dados pessoais dos utilizadores para fins de poupança de custos (Soghoian, 2011). É altamente impraticável que um serviço de armazenamento em nuvem como o Dropbox, que foi classificado entre os serviços de armazenamento em nuvem mais populares do mundo (Drago et al., 2012), se envolva na destruição da privacidade dos utilizadores apenas com o objetivo de poupar custos. No entanto, a popularidade, de acordo com Armbrust et al. (2010), não conta, o que importa são serviços adequados, seguros e fiáveis para os clientes.

No entanto, o armazenamento em nuvem utiliza a deduplicação para poupar espaço em disco, largura de banda e custos de gestão, uma vez que a duplicação de um único utilizador não tem qualquer problema de privacidade. Mas a melhor desduplicação deve ser do lado do cliente, uma vez que alguns armazenamentos em nuvem não aderiram a uma desduplicação de um único utilizador por motivos de poupança de custos (Borgmann & Waidner, 2012).

Estudos revelaram que a Dropbox é um dos serviços de armazenamento em nuvem que utiliza técnicas de desduplicação de dados entre utilizadores e com base na fonte (Harnik et al., 2010). Estas técnicas de armazenamento de dados podem suscitar preocupações em matéria de privacidade e segurança, como ataques de spoofing e sniffing, ao aprenderem o ficheiro armazenado existente ou ao aprenderem informações sobre um utilizador específico de um determinado fornecedor de armazenamento em nuvem (Borgmann & Waidner, 2012).

O período de retenção dos dados pessoais após o cancelamento do registo no serviço ou a rescisão do contrato com o armazenamento do Dropbox não é claramente indicado. Do mesmo modo, numa fusão ou venda de activos ou de parte deles a outra parte, os dados de um cliente farão parte do negócio, embora o cliente seja contactado antes de tal ação ser tomada, mas não são claramente especificados os dias exactos ou o intervalo de dias em que o cliente será notificado antes de tal ação ser tomada, para que um cliente possa decidir transferir ou não (dados) para outro serviço de armazenamento se não estiver satisfeito com as propostas do Dropbox. No entanto, o mesmo se aplica ao serviço Tresorit em caso de fusão ou venda de activos (política de privacidade da Dropbox e da Tresorit, 2015)

No entanto, em qualquer armazenamento em nuvem (e não apenas na Tresorit) que ofereça cifragem do lado do cliente, a questão da privacidade em relação a esse armazenamento em nuvem específico é muito limitada (Borgmann & Waidner, 2012), a menos que o algoritmo de cifragem adequado não seja aplicado e utilizado em conformidade. Por natureza e conceção do lado do cliente, o proprietário dos dados é o principal controlador dos seus próprios dados. Assim, os problemas primários no Tresorit, em comparação com a Dropbox, são mínimos.

Além disso, apesar das alegações de conhecimento zero (Tresorit) sobre os dados do cliente, existem possíveis formas que um CSP malicioso seguirá para contornar as medidas de segurança e privacidade, a fim de aceder aos dados do cliente (Wilson & Ateniese, 2014). Entre as técnicas fraudulentas utilizadas para alcançar essas ilegalidades estão:

(a) Emissão de um certificado falso para o cliente, uma vez que a maioria dos serviços de armazenamento em nuvem funciona com base na certificação emitida pela Autoridade de Certificação (CA). A CA é uma organização terceira de confiança, responsável pela emissão de um certificado digital para o PSC na produção de uma assinatura digital, bem como de pares de chaves públicas/privadas. O dever da AC consiste em assegurar e garantir que um certificado único é concedido a um indivíduo através de uma identidade confirmada para efeitos de troca de informações (Froomkin, 1996). Operando como defensor de uma AC, alguns CSP exercem essa vantagem para emitir um certificado falso aos clientes, alegando que os dados são partilhados com uma entidade legítima.

(b) Durante a transação ou a simples partilha de ficheiros com outros clientes, um PSC malicioso pode tirar partido do seguinte cenário de transação para aceder ilegalmente aos dados de um cliente;

- Alice regista-se numa conta na nuvem
- E inicia um pedido de partilha de ficheiros com o Bob

- Os dados de contacto do Bob são enviados à Alice pelo cliente da nuvem
- O PSC troca a sua própria chave pública com a do Bob
- Alice não sabe que os seus dados estão encriptados com uma chave pública do PSC
- O CPS é agora capaz de desencriptar os dados da Alice e aceder-lhes
- Depois disso, o CSP volta a encriptar utilizando a chave do Bob e, em seguida, o cliente da nuvem reencaminha o pedido de partilha para o Bob
- Bob decifra os dados sem saber o que se passou antes de o pedido chegar até ele.

Este cenário de partilha indicou que a manipulação de certificados, a falsificação ou qualquer forma de troca pode ser conseguida, uma vez que o CSP funciona com base na CA. Por conseguinte, um ataque man-in-the-middle desta natureza é indetetável, especialmente numa situação em que os dados são desencriptados e reencriptados antes de chegarem ao destino pretendido (Wilson & Ateniese, 2014).

Este facto indica claramente que alguns serviços de armazenamento em nuvem não têm práticas de privacidade e confiança adequadas. A resolução desta má gestão dos dados pessoais só pode ser conseguida através da implementação da "responsabilidade de extremo a extremo". O conceito de responsabilidade de extremo-a-extremo, que é um dos principais objectivos deste projeto, pode ser discutido mais adiante neste capítulo.

Na parte da recolha, algumas informações recolhidas pelo Dropbox durante o registo são irrelevantes, como o endereço físico e o número de telefone, ao passo que a Tresorit recolhe apenas o e-mail e os nomes. A política que propomos exige que apenas sejam recolhidos dados relevantes, porque o excesso de informação do utilizador pode levar à violação e revelação da privacidade.

O direito do proprietário sobre os dados pessoais não foi claramente definido em ambos os armazenamentos, o que pode levar a pessoa em causa/detentor dos dados a saber mais sobre os direitos sobre os dados pessoais em qualquer processamento no armazenamento em nuvem pelo PSC, uma vez que o requisito da nossa política proposto para essa ação deve ser muito claro para o proprietário dos dados.

A forma como os dados devem ser recolhidos (encriptados ou simples) não foi definida na política da Dropbox, mas a empresa afirma ter fornecido um canal seguro utilizando SSL/TLS durante a transferência de dados para a nuvem para evitar escutas. Por outro lado, a política da Tresorit afirma que o utilizador encripta os dados diretamente do seu próprio dispositivo antes de os transferir para a nuvem. Neste caso, a Tresorit cumpre o requisito da política proposta em termos de forma de recolha.

Na fase de armazenamento, todos os dados transferidos para a nuvem para armazenamento, tal como proposto na nossa política, devem ser encriptados para que apenas o utilizador autorizado (proprietário) possa ter acesso. A Tresorit cumpre este requisito, uma vez que utiliza um esquema do lado do cliente, ao passo que a Dropbox não o faz, uma vez que um CSP pode ter a chave de desencriptação de um utilizador e continuar a processar os dados pessoais em nome do utilizador, mesmo sem o seu consentimento em alguns casos.

Os mecanismos de autenticação utilizados pelo Tresorit durante a partilha de dados, a encriptação, a transação de autenticação, o convite e a transferência de dados estão claramente definidos, tal como consta da nossa política, enquanto no Dropbox apenas foram identificadas a transmissão e a encriptação utilizadas.

No que diz respeito à restrição de acesso aos servidores de computação em nuvem, ambos os serviços de armazenamento afirmam ter imposto restrições de acesso aos servidores de armazenamento em nuvem, mas não forneceram pormenores sobre a forma como a restrição é aplicada e o seu cumprimento pelos funcionários e visitantes.

Na parte do reencaminhamento/partilha, as finalidades do reencaminhamento de dados pessoais na política da Dropbox estão parcialmente definidas e não estão em conformidade com os requisitos da nossa política de privacidade, uma vez que anunciaram que os dados pessoais do utilizador podem ser divulgados para qualquer pedido governamental, enquanto a nossa política de privacidade é contra tais acções. Por outro lado, a prestação de serviços da Tresorit não favorecerá qualquer ato de divulgação de dados pessoais a qualquer entidade, uma vez que o acesso aos dados exige chaves de desencriptação e estas chaves estão na posse do proprietário. Como tal, a Tresorit também cumpriu os requisitos da nossa política de privacidade relativamente à divulgação de dados pessoais, uma vez que a nossa política exige que qualquer outro processamento de dados pessoais seja efectuado com o consentimento do proprietário dos dados.

A localização de reencaminhamento de dados pessoais para fins de armazenamento numa localização geográfica diferente da do utilizador está parcialmente definida no Dropbox, enquanto no Tresorit permanece indefinida, mas a nossa política exige que essa ação seja claramente definida.

Na parte relativa à eliminação/retenção, o modo de eliminação dos dados pessoais dos servidores de armazenamento está parcialmente definido na política de privacidade da Dropbox e da Tresorit, uma vez que nenhum dos serviços de armazenamento fornece uma explicação pormenorizada sobre a forma como a eliminação dos dados pessoais é efectuada (manual e automaticamente), uma vez que a nossa política de privacidade exige que a eliminação manual dos dados seja efectuada assim que o proprietário dos dados carregue/clique num botão de eliminação do seu dispositivo e, posteriormente, a eliminação automática após a expiração do período de retenção global dos dados pessoais.

Tendo em conta a avaliação/comparação supra de dois serviços de armazenamento em nuvem (Dropbox e Tresorit) com a nossa proposta de política de privacidade, é possível verificar que o Tresorit cumpre a maioria dos requisitos em comparação com o Dropbox. A maioria dos requisitos cumpridos pelo serviço Dropbox está parcialmente definida, o que resulta da técnica de cifragem (do lado do servidor) oferecida, que dá ao fornecedor de serviços o poder de controlar/processar os dados em nome dos utilizadores. Isto pode, a dada altura, conduzir à violação da privacidade.

No entanto, um dos aspectos críticos dos dados pessoais é o período de retenção após a eliminação ser efectuada pelo proprietário dos dados. O Dropbox não especificou um período de retenção exato como no caso da Tresorit, em que é especificado o período mínimo e máximo de retenção.

Por outro lado, a Tresorit satisfez a maioria dos aspectos críticos dos nossos requisitos de privacidade, como o período de retenção, as finalidades de reencaminhamento e as finalidades de recolha. Isto resulta da técnica de encriptação (do lado do cliente) oferecida, que dá ao proprietário dos dados mais controlo sobre os dados pessoais, como a encriptação dos dados antes de os carregar para a nuvem, e qualquer acesso aos dados tem de ser feito com o consentimento do proprietário dos dados, uma vez que este é a única pessoa que possui as chaves de desencriptação.

No entanto, nenhum dos dois serviços de armazenamento em nuvem satisfaz alguns dos requisitos, nem parcial nem totalmente, tal como definido na nossa política de privacidade proposta:

(a) A forma como os servidores de armazenagem estão estabelecidos/organizados, ou seja, centralizados ou descentralizados

(b) Registos de eliminação que podem ser utilizados para verificar a conformidade

(c) Capaz de apagar dados do lado do proprietário

(d) Os diários/registos relativos à recolha de dados pessoais

(d) Nível ou percentagem de eliminação de dados pessoais dos servidores de armazenamento

(e) Especificou se qualquer ação tomada em relação a dados pessoais deve ser feita com o consentimento do proprietário dos dados, tal como a nossa política apoia e impôs a consulta do proprietário dos dados para qualquer utilização ou tratamento posterior de dados pessoais que não estejam capturados ou não estejam claramente definidos na política de privacidade para efeitos de responsabilização.

Capítulo 6

6. Discussão, avaliação crítica e contributos

6.1 Discussão

Uma vez que a nossa conceção foi conduzida em conformidade com os regulamentos da UE e do Reino Unido relativos à proteção da privacidade dos dados pessoais, argumentamos que a conceção proposta, se for totalmente cumprida, minimizará grosseiramente (se não erradicar) as questões de privacidade que afectam o serviço de armazenamento em nuvem e a computação em nuvem como um todo.

A nossa estrutura de conceção, tal como descrita nos capítulos anteriores, dá ao proprietário/sujeito dos dados o poder de controlar os seus dados pessoais enquanto estiverem nos servidores de armazenamento em nuvem. Por conseguinte, qualquer utilização ou tratamento de dados pessoais para além das utilizações acordadas na privacidade original deve ser efectuada com o consentimento do titular/detentor dos dados. Embora a desencriptação de dados pelo fornecedor de serviços de computação em nuvem ou por um funcionário mal-intencionado não seja possível, de acordo com a nossa política de conceção e fornecimento, uma vez que apenas o proprietário possui as chaves de desencriptação.

No entanto, em caso de pedido de intimação, o PSC não tem nada a ver com a divulgação do conteúdo dos dados do utilizador, uma vez que o acesso a esses dados, mesmo que libertados para as agências governamentais, exige chaves de descodificação. Por conseguinte, o proprietário dos dados deve ser contactado para qualquer acesso a dados pessoais.

Tal como discutido anteriormente na secção três deste projeto, o nosso trabalho proporciona uma responsabilidade de ponta a ponta ao longo do ciclo de vida (recolha, armazenamento, reencaminhamento e eliminação/retenção) dos dados pessoais. Por conseguinte, qualquer tratamento de dados pessoais será muito transparente e responsável para todas as entidades envolvidas, uma vez que a nossa política exige a manutenção de registos/logs adequados para verificação da conformidade ao longo das fases supramencionadas do tratamento de dados pessoais.

Para tornar a nossa política de conceção aberta para efeitos de adoção, não a restringimos a uma única plataforma, mas especificámos e descrevemos a nossa conceção-alvo em cada uma das fases. Por exemplo, na fase de recolha, classificámo-la em duas formas (encriptada ou simples), na fase de armazenamento (descentralizada ou centralizada), na fase de eliminação/retenção, apenas atribuímos parâmetros para a representação, de modo a torná-la suficientemente flexível para qualquer forma de ajustamento que se adeqúe a um determinado sistema ou organização.

6.2 Avaliação crítica e contributos

A nossa política de privacidade não é inteiramente nova, mas sim uma extensão de algumas caraterísticas e disposições que faltam na política da Tresorit, o que pode aumentar a gestão da privacidade, a conformidade e a responsabilidade sobre os dados pessoais. Argumentamos que a nossa política proposta, se for totalmente cumprida, pode minimizar (se não erradicar) as questões de privacidade que afectam o serviço de armazenamento em nuvem, uma vez que a concebemos com base nos regulamentos de proteção de dados pessoais da UE e do Reino Unido.

No ***capítulo dois***, discutimos e analisámos o conceito de privacidade e a proteção de dados pessoais com base na Declaração Universal dos Direitos do Homem das Nações Unidas (UNUDHR), na Lei dos Direitos Humanos do Reino Unido de 1998, na Organização para a Cooperação e Desenvolvimento Económico (OCDE) e no Conselho Europeu. Embora a privacidade possa ser encarada de forma diferente consoante a regulamentação e as considerações. Por exemplo, a forma como os EUA a consideram é diferente da UE, como já foi referido.

Discutimos brevemente o aspeto da segurança da proteção dos dados pessoais, apesar de a segurança não ser o foco deste projeto, mas é necessário discuti-la, por muito pouco que seja, uma vez que são duas coisas indissociáveis no que diz respeito à proteção dos dados pessoais. Mais tarde, mostraremos como a privacidade é diferente e melhor do que a segurança.

Por conseguinte, delineámos as fases do ciclo de vida dos dados pessoais e colocámos uma importante questão de investigação a que muitos CSP podem não responder, uma vez que não têm essa caraterística ou disposições nas suas políticas. No entanto, todas as questões levantadas são muito simples de responder se o PSC cumprir integralmente os regulamentos da UE e do Reino Unido relativos à proteção da privacidade dos dados pessoais. Como tal, defendemos que, se a nossa política de privacidade for adoptada pelos serviços de armazenamento em nuvem, a qualidade, a confiança e a responsabilidade, bem como a integridade comercial da nuvem perante os utilizadores, aumentarão definitivamente.

Por último, as questões éticas associadas ao tratamento/utilização de dados pessoais na nuvem são plenamente identificadas e justificadas, mostrando como as questões éticas são desencadeadas no processo de tratamento de dados pessoais nos serviços de armazenamento em nuvem.

No ***capítulo três***, revimos e analisámos alguns serviços de armazenamento em nuvem, juntamente com as técnicas de encriptação oferecidas. Destacámos as vantagens e os inconvenientes das técnicas de cifragem do lado do cliente e do lado do servidor. Justificámos as nossas conclusões dando alguns exemplos e referindo também um incidente que aconteceu a alguns utilizadores por terem optado por utilizar um determinado serviço de armazenamento em nuvem.

Foi explicada de forma breve, mas abrangente, uma estrutura arquitetónica para a computação em nuvem e, mais tarde, foram resumidas e analisadas as políticas de privacidade da Dropbox e da Tresorit, dando uma ideia dos seus pontos fortes e fracos em termos de privacidade e segurança.

A responsabilidade pela proteção da privacidade suscitou um debate aceso nos últimos anos, tanto no meio académico como nas indústrias. Analisámos e justificámos as nossas conclusões a este respeito. Do mesmo modo, o controlo do acesso é também um aspeto importante da proteção de dados, pelo que discutimos as normas de controlo do acesso estipuladas nas famílias ISO/IEC e outras.

Por último, discutimos e analisámos de forma crítica os conceitos e noções subjacentes à responsabilização de extremo a extremo pelo tratamento de dados pessoais no armazenamento em nuvem. Apoiámos as nossas afirmações e argumentos nos regulamentos da UE e do Reino Unido relativos à proteção da privacidade dos dados pessoais, bem como no Grupo de Trabalho para a Proteção de Dados do artigo 29.

No quarto capítulo, descrevemos a nossa metodologia de conceção e os critérios previstos na legislação de proteção de dados da UE e do Reino Unido para a recolha, o armazenamento, a transmissão/partilha e a eliminação/retenção de dados pessoais. Analisámos e resumimos estas disposições de modo a adequá-las ao nosso objetivo de conceção, uma vez que nem todos os regulamentos de proteção de dados são específicos e aplicáveis aos serviços de armazenamento em nuvem.

Para efeitos de clareza, concebemos a linguagem da nossa política de privacidade numa estrutura de três diagramas para melhor compreensão dos leitores e explicámos claramente as notações e os parâmetros utilizados de forma adequada. A nossa conceção, como já foi referido, tem por objetivo proporcionar uma responsabilidade de ponta a ponta ao longo do ciclo de vida dos dados pessoais na nuvem. No entanto, tornámos a nossa conceção de política muito flexível em algumas das suas caraterísticas, a fim de satisfazer a adoção variada ou global de diferentes sistemas e normas.

No capítulo cinco, concebemos um quadro de privacidade para mostrar e explicar como funcionará a conceção da política pretendida. Mostramos também como a recolha, o armazenamento, o reencaminhamento e a eliminação/retenção de dados pessoais serão efectuados sem violar a privacidade do utilizador ou o seu direito sobre os dados pessoais (ou seja, desde a sua recolha até à destruição dos servidores de armazenamento em nuvem, incluindo os dados reencaminhados para terceiros).

Por fim, comparamos o nosso trabalho de privacidade proposto com os existentes (ou seja, Dropbox e Tresorit), e analisamo-los de acordo com as disposições da sua política de privacidade publicadas nos seus sítios Web. E, mais tarde, resumimos o resultado da nossa análise para verificar a conformidade. Observámos que o Tresorits cumpre a maioria dos requisitos de privacidade propostos na nossa política. Também observámos que a técnica de encriptação do lado do cliente utilizada pela Tresorit contribuiu para tornar a sua política muito semelhante à nossa.

Capítulo 7

7. Conclusão e trabalho futuro

7.1 Conclusão

A privacidade, a responsabilidade e a conformidade são as principais questões nos serviços de computação em nuvem e noutros serviços conexos que lidam com a gestão de dados pessoais. Abordar estas questões é um exercício muito importante.

Este trabalho de projeto teve como objetivo conceber um quadro de política de privacidade que permita a responsabilização de ponta a ponta pelo tratamento de dados pessoais ao longo do seu ciclo de vida (recolha, armazenamento, reencaminhamento/partilha e eliminação/retenção) no armazenamento em nuvem, em conformidade com a regulamentação da UE em matéria de proteção de dados pessoais.

Como já foi referido, muitos serviços de armazenamento em nuvem oferecem uma técnica de encriptação do lado do servidor para o armazenamento de dados pessoais na nuvem, o que pode dar ao PSC acesso aos dados pessoais de um utilizador mesmo sem qualquer consentimento. A nossa política de privacidade está longe do lado do servidor ou pode ser considerada como o serviço oposto ao lado do servidor no que diz respeito à privacidade e ao controlo dos dados pessoais.

A nossa política de privacidade tem como objetivo proporcionar privacidade, transparência, responsabilidade, conformidade e confiança no tratamento dos dados pessoais do utilizador na nuvem, fornecendo informações exaustivas sobre qualquer ação que venha a ser tomada em relação aos dados pessoais do utilizador.

Antes de concebermos a nossa política, estudámos e analisámos as disposições da política de privacidade da Dropbox e da Tresorit, bem como outros documentos de investigação que falavam da sua política de privacidade, para ver como e em que medida a privacidade e a responsabilidade pelos dados pessoais são respeitadas. Posteriormente, avaliámo-los com base nas disposições da sua política de privacidade e nos contributos de diferentes trabalhos de investigação.

Chegámos ao resultado da avaliação e comparámo-lo com a nossa proposta de conceção de privacidade para avaliação, na qual os serviços de armazenamento da Tresorit cumprem a maioria dos requisitos de privacidade propostos na nossa conceção. Por conseguinte, concluímos que a Tresorit respeita mais a privacidade dos dados pessoais do que a Dropbox, apesar do facto de alguns requisitos de privacidade da nossa política proposta não serem cumpridos por nenhum dos serviços de armazenamento referidos.

Como tal, recomendamos vivamente que os serviços de armazenamento em nuvem se esforcem mais para ultrapassar os obstáculos, adoptando a nossa política de privacidade, que foi concebida em conformidade com o regulamento de proteção de dados pessoais da UE . Isto tornará os seus serviços mais responsáveis, fiáveis, dignos de confiança, eficientes e transparentes no tratamento de dados pessoais, o que, por sua vez, pode aumentar a adoção generalizada de serviços de computação em nuvem pelos utilizadores.

7.2 Trabalho futuro

Há algumas questões levantadas neste projeto que requerem mais trabalho, especialmente na parte da linguagem de alto nível, a fim de o tornar globalmente viável e adotável pelos serviços de armazenamento em nuvem depois de ser codificado pelos conceptores do sistema para efeitos de privacidade e responsabilidade, verificação da conformidade do tratamento de dados pessoais.

Uma vez que concebemos esta política de privacidade e definimos todos os processos de alto nível necessários utilizando a sintaxe e uma explicação clara baseada em texto das notações utilizadas, o trabalho futuro nesta tese é que um programa de software baseado na linguagem de privacidade de alto nível ajudará, sem dúvida, os projectistas/programadores de sistemas a alinharem-se com os regulamentos relativos aos dados pessoais.

Um programador de sistemas pode considerar este trabalho digno de ser desenvolvido, uma vez que as notações e a sintaxe utilizadas na definição e descrição da linguagem de alto nível são muito simples e diretas para a codificação de sistemas.

Bibliografia

Abbas, A. & Khan, S.U. 2014, "A Review on the State-of-the-Art Privacy-Preserving Approaches in the e-Health Clouds", *Biomedical and Health Informatics, IEEE Journal of,* vol. 18, no. 4, pp. 1431-1441.

AICPA & CICA (2009). A aceitação geral dos princípios de privacidade [Em linha]. Disponível em:http://www.aicpa.org/interestareas/informationtechnology/resources/privacy/generallya cceptedprivacyprinciples/downloadabledocuments/gapp_prac_%200909.pdf [Acedido em: 18th de maio de 2015].

Ali, S.M., Soomro, T.R. & Brohi, M.N. 2013, "Mapping information technology infrastructure library with other information technology standards and best practices", *Journal of Computer Science,* vol. 9, no. 9, pp. 1190.

Armbrust, M., Fox, A., Griffith, R., Joseph, A.D., Katz, R., Konwinski, A., Lee, G., Patterson, D., Rabkin, A. & Stoica, I. 2010, "A view of cloud computing", *Communications of the ACM,* vol. 53, no. 4, pp. 50-58.

Artigo 29.º Proteção de dados Grupo de trabalho (2010) Parecer 3/2010 sobre o princípio da responsabilidade [Em linha] disponível em: http://ec.europa.eu/justice/policies/privacy/docs/wpdocs/2010/wp173_en.pdf [Acedido: 25th junho, 2015].

AWARE, W.T.A., DOCUMENTATION, T.P.S. & LOGICAL, C. 2005, "Information technologySecurity techniques-Information security management systems-Requirements", .

Backes, M., Karjoth, G., Bagga, W. & Schunter, M. 2004, "Efficient comparison of enterprise privacy policies", *Proceedings of the 2004 ACM symposium on Applied computingACM*, , pp. 375.

B⅛langer, F. & Crossler, R.E. 2011, "Privacy in the digital age: a review of information privacy research in information systems", *MIS quarterly,* vol. 35, no. 4, pp. 1017-1042.

Bellare, M. & Yee, B. 1997, *Forward integrity for secure audit logs,* .

Bennett, C.J. 2001, "What Government Should Know about Privacy: A Foundation Paper", *Conferência sobre privacidade do Information Technology Executive Leadership Council, junho*, pp. 2001.

Bennett, C.J. 1997, "Arguments for the standardization of privacy protection policy: Canadian initiatives and American and international responses", *Government Information Quarterly,* vol. 14, no. 4, pp. 351-362.

Borgmann, M. & Waidner, M. 2012, *On the security of cloud storage services,* Fraunhofer- Verlag.

Brandeis, L. & Dossick, P. 1890, *The right to privacy,* Editions Artisan Devereaux.

Butin, D. & Le M⅛tayer, D. 2014, "Log Analysis for Data Protection Accountability" in *FM 2014: Formal Methods* Springer, , pp. 163-178.

Capurro, R. 2005, "Privacy. An intercultural perspective", *Ethics and Information Technology,* vol. 7, no. 1, pp. 37-47.

Cavoukian, A. 2008, "Privacy in the clouds", *Identity in the Information Society,* vol. 1, n.º 1, pp. 89-108.

Clark, J. (2011) "Microsoft acusa antigo funcionário de roubo de dados na nuvem". [Online]. Disponível em: http://www.zdnet.com/microsoft-accuses-former-employee-of-cloud-data-theft-4010021691/ [Acedido em: 15 de maio de 2015].

Daniel J. W., Harold A., Tim B., Chris H., James H., Lalana K., Gerald J. S., (2007). Transparency and End-to-End Accountability: Requirements for Web Privacy Policy Languages [Em linha] Disponível em: http://www.w3.org/2006/07/privacy-ws/papers/34-weitzner-transparency- accountability/ [Acedido: 12th de maio, 2015].

DATA, M.O.S. 1995, "Diretiva 95/46/CE do Parlamento Europeu e do Conselho, de 24 de outubro de 1995, relativa à proteção das pessoas singulares no que diz respeito ao tratamento de dados pessoais e à livre circulação desses dados", *Jornal Oficial L,* vol. 281, n.º 23/11, pp. 0031-0050.

De Hert, P. 2012, "Accountability and system responsibility: New concepts in data protection law and human rights law", *Managing privacy through accountability,* , pp. 193-232.

Drago, I., Mellia, M., M Munafo, M., Sperotto, A., Sadre, R. & Pras, A. 2012, "Inside dropbox: understanding personal cloud storage services", *Actas da conferência ACM 2012 sobre a conferência de medição da InternetACM,* , pp. 481.

Dados governamentais do Dropbox Princípios de solicitação de dados governamentais [Online] Disponível em em: https://www.dropbox.com/transparency/principles [Acedido em: 06th de junho, 2015].

Política de privacidade do Dropbox (2015). Dropbox Política de privacidade. [Online] Disponível em em: https://www.dropbox.com/privacy#privacy. [Acedido em: 5th agosto, 2015].

Comissão Europeia (2013) "Parlamento Europeu sobre o Regulamento Geral de Proteção de Dados" http://eur-lex.europa.eu/legal-content/EN/ALL/?uri=CELEX:52012PC0011 [Acedido: 25th June, 2015].

Feigenbaum, J. & Weitzner, D. 2006, "Report on the 2006 TAMI/PORTIA Workshop on Privacy and Accountability", *Workshop on Privacy and Accountability, Massachusetts Institute of Technology, MA USA*

Froomkin, A.M. 1996, "Essential Role of Trusted Third Parties in Electronic Commerce, The", *Or.L.Rev.,* vol. 75, pp. 49.

Furth, B. & Escalante, A. 2010, "Handbook of cloud computing 1st Edition" (Manual de computação em nuvem, 1.ª edição),

Grimes, J.M., Jaeger, P.T. & Lin, J. 2009, "Weathering the storm: The policy implications of cloud computing", .

Grover, N. & Garg, N. 2015, "Data Encryption and Decryption", *International Journal of Research,* vol. 2, no. 5, pp. 139-140.

Haeberlen, A. 2010, "A case for the accountable cloud", *ACM SIGOPS Operating Systems Review,* vol. 44, no. 2, pp. 52-57.

Hacker 10 (2013). Lista dos serviços de armazenamento em nuvem dos EUA com encriptação do lado do cliente. [Online]
Disponível em: http://www.hacker10.com/computer-security/list-of-usa-cloud-storage- services-with-client-side-encryption/ [Acedido em: 16th maio, 2015].

Harnik, D., Pinkas, B. & Shulman-Peleg, A. 2010, "Side channels in cloud services: Deduplication in cloud storage", *Security & Privacy, IEEE,* vol. 8, no. 6, pp. 40-47.

Hogan, M., Liu, F., Sokol, A. & Tong, J. 2011, "Nist cloud computing standards roadmap", *NIST Special Publication,* vol. 35.

Hubbard, D. & Sutton, M. 2010, "Top threats to cloud computing v1. 0", *Cloud Security Aliança,*

Jansen, W. 2011, "Cloud hooks: Security and privacy issues in cloud computing", *System Sciences (HICSS), 2011 44th Hawaii International Conference onIEEE,* , pp. 1.

Kaliski Jr, B. 2011, "RSA factoring challenge" in *Encyclopedia of Cryptography and Security* Springer, , pp. 1064-1065.

Kaliski Jr, B.S. & Pauley, W. 2010, "Toward risk assessment as a service in cloud environments", *Actas da 2.ª conferência da USENIX sobre tópicos importantes na computação em nuvem,* Associação *USENIX,* , pp. 13.

Karjoth, G., Schunter, M. & Van Herreweghen, E. 2003, "Enterprise privacy practices vs. privacy promises-how to promise what you can keep", *4th IEEE International Workshop on Policies for Distributed Systems and Networks (Policy'03), Lake Como, Italy.*

Khorshed, M.T., Ali, A.S. & Wasimi, S.A. 2012, "A survey on gaps, threat remediation challenges and some thoughts for proactive attack detection in cloud computing", *Future Generation Computer Systems,* vol. 28, no. 6, pp. 833-851.

Kiss, J. 2014, "Snowden: Dropbox é hostil à privacidade, ao contrário do 'zero knowledge' Spideroak" [Em linha]. Disponível em: http://www.theguardian.com/technology/2014/jul/17/edward-snowden-dropbox-privacy-spideroak [Acedido em: 19 de junho de 20015].

Lam, I., Szebeni, S. & Buttyan, L. 2012, "Invitation-oriented TGDH: Key management for dynamic groups in an asynchronous communication model", *Parallel Processing Workshops (ICPPW), 2012 41st International Conference onIEEE,* , pp. 269.

Mather, T., Kumaraswamy, S. & Latif, S. 2009, *Cloud security and privacy: an enterprise perspective on risks and compliance,* " O'Reilly Media, Inc.".

Marathe, K., Chavan, P., Latpate, S. & Gurav, Y. 2015, "Secure File Sharing Using Single To

Multicloud", .

Mell, P. & Grance, T. 2009, "The NIST definition of cloud computing", *National Institute of Standards and Technology,* vol. 53, n.º 6, pp. 50.

Meyer, C. & Schwenk, J. 2014, "Sok: Lessons learned from ssl/tls attacks", em *Information Security Applications* Springer, , pp. 189-209.

Mutch, J. (2010) "How to Steal Data from the Cloud - An Easy Guide for IT Admins", Vol. Issue7, Cloudbook Journal, Disponível em: http://www.cloudbook.net/resources/stories/how-tosteal-data-from-the-cloud [Acedido em: 15 de maio de 2015].

Newton, D. 2011, "Dropbox authentication: insecure by design", *Retrieved,* vol. 3, no. 02, pp. 2012.

Organização para a Cooperação e Desenvolvimento Económico (OCDE) (1980): Diretrizes para a proteção dos dados pessoais e dos fluxos transfronteiriços de dados. [Em linha]. Disponível em: http://www.oecd.org/sti/ieconomy/2013-oecd-privacy-guidelines.pdf [Acedido: 19th de maio, 2015].

Pandey, J. & Pathak, D. 2013, "A Study on Data Protection and Data Security Strategies in Cyber Space", *Current Trends in Information Technology,* vol. 2, no. 3, pp. 1-10.

Pearson, S. & Charlesworth, A. 2009, "Accountability as a way forward for privacy protection in the cloud" in *Cloud computing* Springer, , pp. 131-144.

Pearson, S. & Yee, G. 2012, *Privacy and security for cloud computing,* Springer Science & Business Media.

Pieters, W. & Cleeff, A. 2009, "The precautionary principle in a world of digital dependencies", *Computer,* vol. 42, n.º 6, pp. 50-56.

Comissão de Estudo sobre Proteção da Privacidade (1997): Personal privacy in Information society, United States Privacy Protection Study Commission fair information practices. [Em linha]. Disponível em: https://www.ncjrs.gov/pdffiles1/Digitization/49602NCJRS.pdf [Acedido em: 18th de maio, 2015].

Ruj, S., Stojmenovic, M. & Nayak, A. 2014, "Decentralized access control with anonymous authentication of data stored in clouds", *Parallel and Distributed Systems, IEEE Transactions on,* vol. 25, no. 2, pp. 384-394.

Soghoian, C. 2011, "How dropbox sacrifices user privacy for cost savings", *Slight Paranoia Blog, Abr,* .

Solove, D.J. 2006, "A taxonomy of privacy", *University of Pennsylvania law review,* , pp. 477564.

Stahl, B.C., Heersmink, R., Goujon, P., Flick, C., van den Hoven, J., Wakunuma, K., Ikonen, V. & Rader, M. 2010, "Identifying the ethics of emerging information and communication technologies: an essay on issues, concepts and method", .

Strang, F., (2014) "Celebrity 4chan shock naked picture scandal: Full list of star victims preyed upon by hackers" [Online]. http://www.mirror.co.uk/3am/celebrity-news/celebrity-4chan- shock-naked-picture-4395155 [Acedido: 04th May, 2015].

TechNet: Microsoft (2003) "Overview of SSL/TLS Encryption" [Online]. Disponível em: https://technet.microsoft.com/en-us/library/cc781476%28v=ws.10%29.aspx [Acedido em: 13th junho, 2015].

Technology Prima: Secure Socket Layer - Understanding SSL (2009) [Online]. Disponível em: http://bluecoat.com/documents/download/0485e335-7437-4c4e-bfc0-ca5ffc5bfd4d/16f27cf7-5d59-44b4-b17f-fb04acea369f. [Acedido em: 13th de junho, 2015].

Quadro de Safe Harbor EUA-UE e EUA-Suíça (2015). Eligibility for Self-Certification [Em linha] Disponível em: http://export.gov/safeharbor/ [Acedido em: 06th de junho de 2015].

Timmermans, J., Stahl, B.C., Ikonen, V. & Bozdag, E. 2010, "The ethics of cloud computing: Uma revisão concetual",

Livro Branco TRESORIT (2014) https://tresorit.com/files/tresoritwhitepaper.pdf

Política de privacidade da Tresorit (2015). Política de Privacidade da Tresorit. [Em linha] Disponível em: https://tresorit.com/legal/privacy-policy. [Acedido em: 5th agosto, 2015].

UK Data Protection Act (1998) Governing Principle for UK Data Protection Principles [Online]. Disponível em: https://ico.org.uk/for-organisations/guide-to-data-protection/data-protection-principles/ [Acedido: 25th June, 2015].

Westin, A.F. 1967, "Privacy and freedom",

Wilson, D.C. & Ateniese, G. 2014, ""To Share or not to Share" in Client-Side Encrypted Clouds" in *Information Security* Springer, , pp. 401-412.

Wuala (2015) armazenamento seguro na nuvem: segurança. [Em linha] Disponível em https://www.wuala.com/en/learn/technology [Acedido: 18th de maio, 2015].

Xiao, Z. & Xiao, Y. 2013, "Security and privacy in cloud computing", *Communications Surveys & Tutorials, IEEE,* vol. 15, no. 2, pp. 843-859.

Zafer, T., (2015). Por que a criptografia do lado do cliente é a próxima melhor ideia em segurança de dados baseada em nuvem [Online]. Disponível em: http://www.infosectoday.com/Articles/Client-Side_Encryption.htm#.VW-NAM9Viko [Acedido em: 04th de maio de 2015].

MIX
Papier aus verantwortungsvollen Quellen
Paper from responsible sources
FSC® C105338

Printed by Books on Demand GmbH, Norderstedt / Germany